다른 행복

달리 행복을 찾아라

이제민 신부의 인생낱말사전 5

다른 행복 −달리 행복을 찾아라

2011년 12월 28일 1쇄 발행
2013년 5월 30일 2쇄 발행

저 자 **이제민**
발행인 **김영준**
발행처 **경세원**

등록일 1978. 12. 14. No.1-57
주 소 경기도 파주시 문발동 출판문화정보산업단지 534-4
전 화 031) 955-7441~3
팩 스 031) 955-7444
홈페이지 www.kyongsaewon.co.kr
이메일 kyongsae@hanmail.net
인 쇄 상지사 피앤비

© 이제민, 2011

ISBN 978-89-8341-103-7

정가 11,000원

이제민 신부의 인생낱말사전 5

달리 행복을 찾아라

다른 행복

이제민 지음

겸세원

머리말 - 다른 행복

모든 인간은 행복을 추구한다. 겉보기에 전혀 행복할 것 같지 않은 사람이 행복하다고 느끼며 살아가는가 하면 아주 행복할 것 같은 사람이 행복하지 않다며 불만을 쌓는 삶을 살기도 한다. 행복에는 여러 종류가 있는 것인가? 내가 바라는 행복과 다른 차원의 행복이 있는 것인가? 진정한 행복은 어떤 것인가?

우리나라 말의 행복은 미국에서는 해피, 독일에서는 글뤽이라 불린다. 행복과 해피에 대한 느낌은 다른 것일까? 행복은 언어를 초월하여 다가오는 인간의 원초적인 느낌이다. 자기의 언어로 상대를 행복하게 하려 할 때 행복은 깨진다. 우리 민족은 본래 "'나는' 행복하다." 라는 말을 잘 사용하지 않았다. 그것은 나만의 느낌이 될 수 없기 때문이다. 이런 표현을 하게 되면서 또는 이런 표현을 상대에게 요구하면서 행복에 금이 가기 시작했다. 굳이 말로 행복을 전달하려고 하지 마라. 행복은 느낌을 통해서 전해온다. 사랑도 평화도 마찬가지다.

필자의 홈페이지(www.rijemin.com)『인생낱말사전』에서 행복에 관한 낱말들을 가려 뽑아 보았다. 이 낱말들을 책으로 엮어 출판하여 주신 경세원의 김영준 사장님과 여러 편집위원님들께 진심으로 감사를 드린다. 이 책이 독자들에게 행복을 선사하기를 바란다. 성경은 주로 새 성경에서 인용하였지만 때때로 공동번역성서에서도 인용하였다. 이 경우 괄호 안에 표기하였다.

2011년 12월 대림절에
밀양 명례에서 **이 제 민**

머리말 - 다른 행복　　　　　　　　　　　　4

1 세상은 행복하다　　　　　　　　　　　11

누가 더 행복한가?　　13　　허무　　　　　　35
행복을 찾아서　　　　15　　궁리　　　　　　37
달리 행복을 찾아라　　16　　불행 2　　　　　39
묘하신 일　　　　　　18　　불행 3　　　　　41
행복 선언　　　　　　19　　내려놓다　　　　42
1% 행복　　　　　　　21　　성패成敗　　　　44
행복 1　　　　　　　　23　　미래　　　　　　45
행복 2　　　　　　　　24　　성공한 얼굴　　　46
하늘의 행복　　　　　26　　희망　　　　　　48
행복의 원천　　　　　28　　건강　　　　　　50
행복추구　　　　　　30　　치유 1　　　　　52
행복하게 사는 법　　　32　　보기 싫은 사람　　53
불행 1　　　　　　　　34　　어리석은 사람　　55

2 행복하기 위하여　　　　　　　　　　　57

가라지　　　　　　　59　　스트레스와 한　　72
보리밥　　　　　　　61　　정情　　　　　　73
분노 1　　　　　　　63　　웃음　　　　　　74
두려움　　　　　　　65　　성급함　　　　　76
시험　　　　　　　　66　　죄인 1　　　　　77
신비주의　　　　　　68　　죄인 2　　　　　79
감정 조절　　　　　　69　　죄인 3　　　　　81
분노 2　　　　　　　70　　죄　　　　　　　83

당신은 누구?	85	마귀	92
악한 사람은 없다	86	안수	94
악惡 1	88	손을 펴다	96
악惡 2	90	약	97

3 인간은 행복하다 — 99

틈새 1	101	과거 1	127
틈새 2	102	과거 2	128
나의 발견	103	그때	129
자기 사랑	104	하느님을 느낌	130
자랑	106	감사	132
괴로움	108	치유 2	134
자존심	110	눈(보다)	136
용서의 포기	112	보다	137
소유할 수 없는 사랑	114	소경 1	139
사랑	116	소경 2	141
거리距離	117	여인의 빚	143
떠나다	119	하느님께서 보신다	145
완성	121	등불	146
회심	123	귀 기울이다	147
비교	125		

4 세상은 아름답다 — 149

집 1	151	순례 1	154
집 2	152	순례 2	156

신비스런 존재	158	시간	194
아는 사람	160	사랑하는 사람	197
환경	162	기다림	199
창세의 신비	164	빈 공간	201
말씀과 침묵	166	창공	204
존재의 목적	168	창조물	205
침묵1	169	하늘땅	206
침묵2	170	이름	207
벙어리	171	정복	209
아담과 하와와 나 그리고 너	173	영광2	212
잃다	174	평온	213
착하신 하느님	175	레크리에이션	214
창조	178	유머	215
선악과	180	맛들임	216
자궁의 자비	182	노동	218
좋은 세상	183	노동과 쉼	220
꼽추와 욥	185	쉼과 여유	223
여자의 운명 아담의 운명	186	쉼과 침묵	225
알파요 오메가	187	쉼터1	227
하느님을 닮은 사람	189	쉼터2	229
아버지와 어린이	190	피정	230
영광1	191	이슬	231
눈높이	192	무덤	232
시간과 영원	193		

5 이웃과 함께하는 삶 ... 233

별	235	소설 속 인물	254
천국 문	236	달	256
창窓	238	얼굴	257
소돔과 고모라	239	인간됨	258
교양 있는 사람	242	그리스도인	259
겸손한 사람	244	짝	260
감사하는 사람	246	우물	262
즐김	248	호칭	264
용서하는 사람	249	멈추다	266
버림받은 몸	251	아버지의 뜻	268
낙관	252		

마침 – 나의 기도   271

1
세상은 행복하다

누가 더 행복한가?

라자로는 거지였다. 그는 자주색 옷과 고운 아마포 옷을 입고 호화롭게 사는 부잣집 대문 앞에 종기투성이 몸으로 누워 그들의 식탁에서 떨어지는 음식찌꺼기로 허기를 달랬다. 부자와 거지. 누가 더 행복할까? 예수님께서 대답하신다. 라자로가 죽자 천사들이 그를 아브라함 곁으로 데려갔고, 부자는 죽어 저승에서 고통을 받았다.(루카 16,19-31) 상투적인 우리의 행복관을 깨트리는 말씀이며 동시에 이를 깨트리기 위한 말씀이다. 행복은 상투적인 우리의 행복관 너머에 있다.

부자가 불행한 것은 그가 단순히 부자여서가 아니고, 라자로가 행복한 것은 그가 단순히 가난한 거지였기 때문은 아니다. 행복의 기준은 소유의 많고 적음이 아니라 얼마나 자신을 비우는가에 달려 있다. 부자는 살아 있는 동안 호화로운 옷을 입고 부의 맛을 즐기느라 비움의 맛을 알지 못했다. 부에 취하여 자신을 비우지 못하였기에 그는 자비롭지 못했다. 그는 자기 집 문간에 종기투성이 몸으로 누워 식탁에서 떨어지는 음식으로 배를 채우도록 허락한 것만으로도 라자로에게 큰 자비를 베푼 것으로 여겼을지 모르지만, 그것은 자비가 아니었다. 라자로가 죽어 아브라함의 품에 안겼다는 말도 살아 있는 동안 누리지 못한 행복을 죽어서 보상받게 되었다는 말이 아니다.(루카 16,25) 그는 가난과 부를 하느님께 맡긴 삶을 살았다.

어느 날 한 부자청년이 예수님께 와서 질문을 하였다. "제가 무슨 선한 일을 해야 영원한 생명을 얻겠습니까?" 예수님께서 대답하셨다. "네가 완전한 사람이 되려거든 가서 너의 재산을 다 팔아 가난한 사람들에게 나누어주어라 그러면 하늘에서 보화를 얻게 될 것이다." 젊은이는 재산이 많았기 때문에 이 말씀을 듣고 슬퍼하며 떠나갔다.(마태 19,16-22) 젊은이가 풀죽어 돌아간 뒤 예수님께서 제자들에게 말씀하신다. "부자가 하느님 나라에 들어가는 것보다 낙타가 바늘귀로 빠져나가는 것이 더 쉬울 것이다" (마태 19,24).

남을 위해 자기를 비우신 분, 남을 위해 자기 목숨을 바치신 분, 다르게 인생을 사신 예수님의 입에서 행복이 선언된다. 가난한 자는 행복하다.(마태 5,3)

행복을 찾아서

성탄이 되면 우리는 구유에 누운 아기 예수님께 무릎을 꿇고 경배한다. 그 아기가 예수님이기에 무릎을 꿇는가? 예수님이 아니라면? 무릎을 꿇지 않을 것인가? 그분은 장성하여 말씀하신다. "너희가 내 형제들인 이 가장 작은 이들 가운데 한 사람에게 해 준 것이 바로 나에게 해 준 것이다."(마태 25,40) 행복은 그 아기가 예수님이 아니더라도 그 앞에 무릎을 꿇고 황금과 유향과 몰약을 예물로 바칠 때 그 마음에서 비친다.

유다인들이 구유에 누운 아기에게 무릎을 꿇을 수 없었던 것은 그가 그리스도인 줄 몰랐기 때문이다. 목동들과 삼왕도 그 아기가 그리스도인 줄 몰랐다. 하지만 이들은 무릎을 꿇었고, 황금과 유향과 몰약을 예물로 바쳤다. 이들은 아기를 보고 평화롭게 돌아갔다.

성경은 이들이 구세주 예수님인 줄 알고 멀리서 와서 무릎을 꿇었다 하고, 헤로데는 그분이 그리스도인 줄 알고도 죽이려고 하였다고 전한다. 하지만 이는 문학적인 표현이다. 그들 모두에게 아기는 낯선 존재였다. 낯선 아기에게 무릎을 꿇는 자는 그리스도를 만나 마음에 평화를 얻었다.

하느님은 우리가 우리 주변의 가난하고 병들고 소외받는 이들에게 무릎을 꿇고 경배하게 하시려고 보잘것없는 아기로 오셨다.

달리 행복을 찾아라

하느님은 세상을 본래 아름답게 창조하셨다. 해와 달과 별, 하늘과 땅, 땅 위에 뿌리를 내린 나무와 그 위에 사는 모든 생명들 그리고 사람. 하느님은 이 모든 것들을 아름답게 창조하셨다. 너무도 아름다워 하느님도 스스로 아름답다, 좋다 감탄하셨다. 그런데 하느님께서 보시고 좋다고 하신 세상이 우리 눈에 늘 좋게만 보이지 않는다. 어제 좋게 보이던 세상이 오늘 악하게 보이고 어제 사랑했던 사람이 오늘 갑자기 원수처럼 미워진다. 똑같은 세상이고 똑같은 사람인데 왜 어제는 사랑스럽고 오늘은 밉게 보이는가? 그가 밉게 변한 것인가? 그를 바라보는 내 눈이 변한 것인가?

아담과 하와가 사과를 따먹었다. 따먹고 나서 그들은 두려움에 몸을 숨겼다. 그들이 사과를 따먹은 곳은 에덴동산이었다. 어제는 그 동산이 행복한 곳이었는데 오늘은 무서워 피하는 곳이 되었다. 에덴동산이 행복을 줄 수 없는 곳으로 변한 것인가? 내 마음이 변한 것인가? "아, 나의 살, 나의 뼈, 나의 전부!"(창세 2,23) 하며 어제 행복에 젖어 반긴 하와가 오늘은 하느님 앞에서 멀리하고픈 존재로 보인다. 어제 즐겁게 이야기를 나누던 뱀이 오늘은 징그럽고 저주스러운 존재로 보인다. 그들이 그렇게 변한 것인가 내 눈이 변한 것인가? 에덴은 변함없이 똑같은 에덴이다.

아담도 똑같은 아담이고 하와도 똑같은 하와다. 사과를 따먹자 그들은 핑계를 둘러대기 시작하였다. 핑계대는 그들의 얼굴에서 행복도 사라졌다.

    하느님께서 세상을 창조하셨음을 믿는다는 것은 아름다움과 선함이 하느님의 창조물임을 믿는 것이다. 세상 만물에서 하느님의 아름답고 선하신 마음을 보지 못하면서 창조를 믿는다고 고백하는 것은 모순이다. 하느님 보시기에 아름다운 세상이 내 눈에 밉게 보이는 것은 믿음이 없기 때문이다. 세상의 속을 들여다보는 눈이 없기 때문이다. 행복하기를 원하는가? 눈을 씻고 귀를 씻어 순수하여라. 달리 행복을 찾아라.

묘하신 일

요셉이 이집트로 팔려가고, 예수님이 십자가에 처형되는 것을 보면서 '하느님의 묘하신 일'을 느낀다. 겉으로는 형들이 동생을 팔아넘기고, 유대인들이 예수님을 죽인 것 같지만, 이 모든 일의 조종자는 저 형들도, 유대인들도 아닌 하느님이다.

생과 사, 선과 악, 행과 불행 등 모든 일 안에서 하느님의 묘한 일을 보는 사람은 복되다. 반드시 죽고 말(필사필멸) 인간이 불사불멸의 영원한 생명을 가지고 살아가고 있다는 것을 받아들이며 사랑하게 될 것이다.

"아무리 괴로운 일, 어리석은 일, 나쁜 일이라도, 그것은 신으로부터 나온 것이다. 또한 아득히 멀리 뻗친 슬픔이나 기쁨, 선이나 악이라도 가장 깊은 뿌리까지 파고들 수만 있다면 그것은 정반대적인 것으로 변하는 것이다."(헤세, 클라인과 바그너) 인생은 자기 인생이 시작하던 곳을 향하여 떠나는 여행이다. 자기 인생이 어디서 시작하여 어디서 끝나는지 아는 사람은 행복하다. 끝나는 시간이 곧 시작한 시간에 도착하는 것임을 아는 사람은 더 행복하다. 평생 돈과 권력과 명예를 좇아 헤매다가 인생의 끝에 이르러 비로소 이것들이 전부가 아니었음을 깨닫는다면 그는 인생을 헛되이 살지 않았다. 참으로 불행한 사람은 죽으면서도 깨달음이 없는 사람이다.

행복 선언

어디서 행복을 느낄 수 있을까? 예수님의 행복 비결은 무엇인가? 루카는 이렇게 전한다.

행복하여라, 가난한 사람들!
행복하여라, 지금 굶주리는 사람들!
행복하여라, 지금 우는 사람들!
불행하여라, 너희 부유한 사람들!
불행하여라, 너희 지금 배부른 사람들!
불행하여라, 지금 웃는 사람들! (루카 6,20-26)

사람들은 부와 가난을 가르며 부에 도달한 사람, 그렇게 명예를 얻고 장수하는 사람을 성공한 사람이라고 말하며 그들이 행복할 것이라고 생각한다. 하지만 부와 명예와 권력과 장수를 얻었다고 반드시 행복한 것이 아니라는 것은 그들 자신이 더 잘 안다. 행복은 매사를 이분법으로 갈라놓는 마음으로는 도달할 수 없다. 행복은 가난의 반대편, 단명의 반대편, 수치와 치욕과 고통의 반대편에 있지 않다.

현대인이 옛날보다 더 많이 가지고 더 오래 사는데도 옛날 사람보다 더 행복하다고 말할 수 없는 것은 부자가 될수록 가난과 부를 갈라놓는 마음이 더 커지고, 성공할수록 실패한 자를 업신여기는 마음이 더 커졌기 때문이다. 예수님께서 가난한 사람이 행복하다고 선포하시면서 부와 가난을 가르는 마음을 버린 사람만이, 가난을 선물로 받아들이는 사람만이 행복을 누릴 수 있다고 하신다.

부와 가난을 가르지 않는 사람은 가난 안에 행복이 감추어 있음을 믿는다. 그는 모든 것 안에 하느님이 와 계심을 믿는다. 그러므로 믿는 이는 복되다. 가난에서 모든 것을 발견한 자가 진실로 행복하다. 행복한 자는 믿는 이다. "행복하십니다, 주님께서 하신 말씀이 이루어지리라고 믿으신 분!"(루카 1,45) 마리아의 방문을 받고 엘리사벳이 한 말이다. "행복하다, 가난한 자들. 불행하다, 너희 부자들" 마리아의 아들 예수님이 인류를 향하여 던지신 메시지이다.

1% 행복

어떤 사람이 예수님께 달려와 영원한 생명을 얻으려면 어떻게 해야 하냐고 묻는다.(마르 10,17) 영원한 행복의 비결을 가르쳐 달라는 질문이다. 예수님은 보통 사람들이 상투적으로 생각하는 행복의 조건을 나열하며 물으신다. "너는 계명들을 알고 있지 않느냐? '살인해서는 안 된다. 간음해서는 안 된다. 도둑질해서는 안 된다. 거짓 증언을 해서는 안 된다. 횡령해서는 안 된다. 아버지와 어머니를 공경하여라.'"(마르 10,19)

그 사람은 이 모든 계명을 다 잘 지켜왔다고 대답한다. 그런데도 그는 행복하지 않다. 살인하지 않았는데도, 간음하지 않았는데도, 도둑질하지 않고 거짓 증언을 하지 않았는데도, 교회가 가르치는 모든 계명을 다 잘 지키고, 교회가 시키는 대로 거르지 않고 성전을 찾아 기도하는데도 행복하지 않다.

예수님께서 말씀하신다. "그렇다. 계명을 준수하는 것, 그것이 행복의 조건이 아니다. 너에게 부족한 것이 하나 있다. 1%가 부족하다." "가서 가진 것을 팔아 가난한 이들에게 주어라." 우리는 재물과 명예와 권력과 인기만 얻으면 행복은 저절로 따라온다고 믿으며 여기에 집착한다. 하지만 이런 것들은 가질수록 욕심을 불러일으킨다. '지키고 쌓을 수 있는 것'이 행복을 보장해주지 못한다. 예수님께서 말씀하신다. "재물을 많이 가진 자들이 하느님 나라에 들어가기는 참으로 어렵다! 부자가 하느님 나라에 들어가는 것보다 낙타가 바늘귀로 빠져나가는 것이 더 쉽다."

행복해지고 싶은가? 가진 것을 팔아 나누어 주어라. 주고 또 주어 줄 것이 너 자신밖에 없을 때, 끝내 너 자신마저 쪼개어 나누어 줄 수 있을 때, 비로소 너는 행복의 맛을 볼 것이다.

행복을 찾기 위해 우리는 성전을 찾는다. 성전에는 당신 자신을 우리 인류에게 완전히 나누어 주신 분이 계신다. 그리스도! 자신을 쪼개고 희생하며 인간에게 먹히어 자기의 존재를 사라지게 하신 분! 그렇게 행복에 도달하신 분! 그리스도인이 영성체 하는 이유는 그분과 하나가 되기 위해서이다. 그분처럼 행복의 맛을 내기 위해서이다. 밖에서 행복을 얻으려고 하지 말고 남이 나에게서 행복을 느끼게 하라. 행복은 얻는 것이 아니라 주는 것이다. 자기 자신을 쪼개어 나누어 주는 가운데 느끼는 것이다.

행복 1

예수님께서는 깨어 있다가 주인을 맞이하는 종은 행복하다고 말씀하신다. 깨어 있는 자만이 행복을 누릴 수 있다. 행복은 내가 태어날 때 이미 내 인생에 씨앗으로 뿌려져 있다. 깨어 있는 자만이 태어날 때의 행복한 그 순간으로 돌아갈 수 있다. 깨어 있는 자만이 행복을 누릴 수 있다.

태어나던 때를 상상해 보라. 그 순간이 상상이 안 되거든 기쁨과 설렘으로 아기의 탄생을 기다리는 부모의 마음을 생각해 보라. 인간은 주변을 설레게 하며 기쁨과 행복을 온 우주에 선사하면서 태어났다. 인간은 본래 행복을 선사하는 존재이다. 깨어 있는 자는 항상 태어난다.

깨어 자기 존재의 근원을 들여다보는 사람은 인간은 만나는 모든 사람에게 행복을 선사하는 존재로 다가간다. 그는 자기에게 상처를 준 사람이 자기에게 행복을 선사할 수 있는 존재라는 것을 안다. 자기가 바로 예수님께서 저 산상에서 설교하신 행복한 존재임을 안다. 행복하여라, 마음이 가난한 사람들! 행복하여라, 슬퍼하는 사람들! 행복하여라, 온유한 사람들! 행복하여라, 마음이 깨끗한 사람들!(마태 5,3-10)

행복 2

자기에게 닥치는 불행을 하느님께서 자신을 덜 예뻐하시거나 기도가 부족하기 때문이라고 생각하는 사람이 종종 있다. 하지만 하느님은 인간의 행위나 기도 여하에 따라 행복을 선사하기도 앗아가기도 하시는 분이 아니다. 행복은 인간의 능력이나 의지의 작용으로 얻어지는 것이 아니다. 예언자들은 야훼의 이름으로 경고한다. "내가 너희를 잘 대접하여 주겠지만 그것은 너희가 훌륭하기 때문이거니 생각 말아라."(에제 36,32 공동번역) 그리고 입으로만 기도하고 불평하기 전에 자신을 먼저 돌아보라고 경고한다. "이스라엘 족속아, 너희의 행실을 부끄러워하고 수치스러이 여겨라."(에제 36,32 공동번역)

행이든 불행이든 모든 것을 야훼께 맡기는 자만이 행복의 맛을 안다. 행도 불행도 다 하느님께서 주시는 것(이사 45,7)임을 아는 자가 행복의 맛을 안다. 어떠한 상황에서든 하느님의 현존을 믿는 자는 행복의 빛을 세상에 발하며 산다.

온갖 불행한 일이 밥 먹듯 일어나는 세상에서 남이 나의 사는 모습을 보고 행복을 느낀다면, 나의 행복한 모습을 보고 남이 행복을 느낀다면, 세상이 행복하다. 행복이 내 안에 갇혀 있는 나만의 것이라면, 나의 행복이 남에게 시기와 질투를 일으킨다면, 나의 행복한 모습에서 남이 행복을 느끼지 못한다면, 세상은 불행하다.

나만 느끼는 행복은 행복이 아니다. 남에게 행복을 느끼게 해주지 못하는 행복은 거짓 행복이다.

하느님께서는 우리의 죄스러움에도 불구하고 늘 우리와 함께 계시며 우리를 은총의 존재로 만들어 주신다. 하느님은 행복이시기 때문이다.

하늘의 행복

마리아가 하느님의 부름을 받아 올라가신 하늘나라는 이 지상의 삶을 마치고 나서 오르게 된 공간이 아니다. 그 나라는 당신의 아들 예수님께서 우리 가운데 와 있다고 선포하신 나라, 지금 살아 있는 동안 들어가야 할 세계이다. 마리아가 도달한 '천국의 행복'은 이 생명이 끝난 다음 얻게 되는 미래의 것이 아니라 살아 있는 동안 누려야 하는 것이다. 우리 인생의 목표는 이 세상에서 천국의 행복을 누리며 사는 것이다. 이 험난한 세상에서 천국의 행복을 느끼며 사는 것이 인생의 목표인 것이다.

가난과 비천함, 교만과 시기와 질투, 온갖 다툼과 갈등과 불행으로 얼룩진 이 세상에서 천국의 행복을 체험하기란 쉽지 않다. 많은 사람들에게 그것은 하나의 꿈이요 헛된 이상일 수 있다. 하지만 이보다 더 헛되고 어리석은 것은 천국의 행복을 죽음 이후로 미루고 사는 것이다. 이 세상에서 행복을 느끼지 못한 사람이 어떻게 죽어서 행복을 느낄 수 있겠는가? 행복을 느끼지 못하고 죽은 시체가 어떻게 남에게 행복을 전달해 줄 수 있겠는가? 행복을 미래로 미루지 마라.

지상에서 천국의 행복을 사신 마리아의 삶은 우리 인생이 도달해야 할 목표이다. 우리는 살아 있는 동안 우리의 얼굴로 천국의 행복을 세상에 비치며 살아야 한다. 마리아의 행복한 얼굴은 우리에게 비참한 말구유를, 예수님의 십자가를 받아들이라고 요구한다. 하느님께서 이 극한 상황을 받아들이셨다는 믿음 없이는 행복할 수 없다. 주님은 우리의 비참함을 굽어보시며 스스로 그 안으로 들어오셨다. 그렇게 천국의 행복은 우리의 힘든 인생 안으로 스며들어 있다. 그렇게 하늘은 말구유와도 같고 십자가와도 같은 땅에서의 삶 속에 스며들어 있다. 승천은 이 땅을 떠나는 것이 아니라 이 땅으로 오르는 것이다. 하느님의 현존을 느끼며 삶을 나누는 자만이 진정으로 행복할 수 있다.

행복의 원천

아기를 임신한 마리아가 유다 산악지방의 한 고을에 사는 친척 엘리사벳을 방문한다. 산악지방 자체가 벌써 부와 행복을 찾아 사람들이 모여드는 도시와는 다른 느낌을 준다. 그곳에 사는 사람들이나 그곳을 찾는 사람들이 인생을 통해 추구하는 행복도 도시의 사람들이 추구하는 것과는 달리 느껴진다. 마리아의 방문을 받은 엘리사벳이 큰소리로 외친다. "당신은 여인들 가운데에서 가장 복되시며 당신 태중의 아기도 복되십니다." 마리아의 어떤 면이 엘리사벳에게 복되게 비쳤을까? 마리아가 어떤 모습을 하고 있었기에 엘리사벳은 그 모습에서 행복을 느끼고, 태 안의 아기까지 즐거워 뛰노는 것을 느꼈을까?

엘리사벳이 마리아에게서 복됨을 느낄 수 있었던 것은 이어지는 말에서 분명해진다. "행복하십니다, 주님께서 하신 말씀이 이루어지리라고 믿으신 분!" 행복의 원천은 주님의 현존에 대한 믿음이다.(루카 1,39-55) 마리아는 주님의 현존을 믿으며 살았다. 자신을 주님께 맡기고 살았다. 엘리사벳의 인사를 받은 마리아가 유명한 마니피캇(성모의 노래)을 부른다. "내 영혼이 주님을 찬송합니다."

마리아는 자기의 온 실존으로 하느님을 찬미하는 삶을 살았다. 마리아의 삶은 하느님을 찬미할 수 있을 만큼 풍요하거나 화려하지 않았다. 어쩌면 사람들은 그녀가 처한 환경을 피하고 싶어 했을지도 모른다. 사람들이 떠나고 싶은 마음이 들 만큼 가난한 곳에서 마리아는 하느님을 찬미하는 노래를 부른다. 마리아가 마음을 다하여 하느님을 찬미할 수 있었던 것은 자기의 가난하고 비천한 삶 안에 하느님의 나라가 와 있음을 의심하지 않고 믿었기 때문이다. 그 믿음은 너무도 강렬하고 실제적이어서 마리아는 가난하고 어려운 삶에서도 실제로 천국의 행복을 누릴 수 있었으며 또한 남에게 그 행복을 느끼게 해 줄 수 있었다.

마리아의 노래는 계속된다. "내 마음이 나의 구원자 하느님 안에서 기뻐 뛰니 그분께서 당신 종의 비천함을 굽어보셨기 때문입니다. 이제부터 과연 모든 세대가 나를 행복하다 하리니 전능하신 분께서 나에게 큰일을 하셨기 때문입니다."

행복추구

　인류의 역사는 행복을 찾아가는 과정이라 해도 지나치지 않다. 수많은 성현들의 가르침도 궁극적으로는 인간의 행복을 위한 것이고, 수많은 정치인들이 공약하는 것도 국민들의 행복을 위한 것이다. 하지만 정치인들이 집착하는 물질과 권력이 인간의 행복을 보장해 주지 못한다는 것은 그 누구보다 그들이 더 잘 안다. 예수님은 그런 것들과의 단절이 행복을 보장한다고 선언하셨다. 행복은 부나 명예, 인기와 권력이 가져다주는 것이 아니다. 예수님의 이 말씀을 따라 수많은 사람들이 그분을 따르며 가난해지려고 마음먹었다. 마음을 비우려고 하였다.
　그분의 위대하심은 가난과 비움을 통해 행복을 찾고자 하는 것이 처음부터 인간들의 마음 안에 뿌려져 있음을 일깨우면서 마음을 개발하며 살 수 있도록 용기를 북돋아주신 데서 드러난다. 가난의 복음을 선포하셨을 뿐만 아니라 가난해지려는 인간의 마음을 받아들이고 인정해 주신 것이다. 많은 사람들이 그분에게서 인간을 신뢰하는 마음을 대하며 위로를 얻고 그분을 따랐다.
　그런데 역사가 흐르면서 인간은 교회(종교) 안에서조차 세상의 방법으로 행복을 추구하고자 하였다. 권위와 자기중심이 교회 안으로 밀고 들어와서 자리를 차지하게 되었다. 돈을 알고 명예를 추구하고 권력에 집착하고 다른 사람 위에서 권세를 부리며 부에 가난의 옷을 입히고, 세속의 권력과 권위에 순명의 옷을 입혀 가난을 속이고 순명을 속이고 교회(종교)를 속이고 복음을 속이고 예수님을 속일 줄 알게 되었다. 점점 부자가 되면서 하느님의 이름으로 복음의 이름으로 교회(종교)의 이름으로 행복도 선포할 줄 알게 되었다.

　제2차 바티칸 공의회는 인간의 (교회의) 이런 부자된 마음을 수정해 주었다. 네 마음의 문을 열어라, 비워라, 남을 받아들여라. 가난한 이들, 억눌린 이들과 연대하여라. 거기에 행복이 있다. 그들 안에 뿌려진 하느님 나라를 보도록 하라. 그 공의회가 폐막된 지 거의 반세기가 흘러간다. 우리는 지금 어디서 행복을 찾고 있는가? 교회(종교)는 어디로 흘러가고 있는가?

행복하게 사는 법

사람들은 행복하게 살기를 원한다. 하지만 무엇이 나를 행복하게 할 수 있을까? 어떻게 사는 것이 행복하게 사는 것인가? 행복하게 살기 위하여 인간은 돈을 벌고, 마음에 맞는 사람을 찾아 결혼을 하고, 출세하고 성공하기 위해 애를 쓴다. 그런데 돈을 많이 벌어 부자가 되고, 결혼을 잘했다 싶은데도 행복하지 않은 이가 있다. 행복을 밖에서부터 찾기 때문이다.

예수님은 하느님 나라가 우리 가운데 와 있다고 선포하시면서 행복은 우리의 삶 한가운데 감추어 있다고 가르치셨다. 이를 깨닫게 하시려고 그분은 하느님 나라는 겨자씨와 같다고 말씀하시는가 하면 천국은 밭에 묻혀 있는 보물과 같다고 말씀하신다.

우리는 행복을 밖에서 찾았다. 우리를 행복하게 해 줄 천국도 죽으면 가게 되는 나라로 생각하였다. 행복을 죽음 이후로 미루고 산 것이다. 예수님께서 말씀하신다. 행복을 먼 미래로 미루지 마라. 그런 사고를 바꾸어라. 여러분이 갈망하는 행복은 이미 여러분 안에, 여러분이 만나는 사람들 안에 감춰져 있다. 이를 믿어라. 여러분은 이미 천국에 받아들여졌다. 밖에서 주어지는 돈과 명예가, 자기 존재 밖에서 추구하는 천국이 – 그런 나라는 없다 – 너를 행복하게 하지 못할 것이다. 생각을 바꾸어라. 행복하려거든 너의 인생 속을 들여다보는 용기를 가져라. 밉다 곱다 가리지 말고 남의 마음 안으로 들어가는 법을 배우도록 하라. 거기에 행복이 있다.

불행 1

루카복음은 행복 선언에 이어 불행을 선언한다.(루카 6,20-26)

가난한 자는 행복하다.
부자는 불행하다.

부자는 부로부터 위로를 받고 가난한 자는 하느님으로부터 위로를 받는다. 부자는 부로써 슬픔을 달래고 가난한 자는 하느님 나라에서 슬픔을 달랜다. 부자는 욕심에 재물을 쌓고 가난한 자는 하늘에 재물을 쌓는다.(루카 12,34) 하느님과 재물은 함께 섬길 수 없다.(루카 16,13)

부로부터 위로를 받는 자는 불행하다. 부로써 슬픔을 달래는 자는 불행하다. 욕심에 재물을 쌓는 자는 불행하다.

허무

"허무로다, 허무! 모든 것이 허무로다!"(코헬 1,2) 예루살렘의 왕인 코헬렛이 세상만사 모든 것이 허무라고 외친다. 시편도 인생의 허무를 읊조린다. "당신께서는 인간을 먼지로 돌아가게 하시며 말씀하십니다. '사람들아, 돌아가라.' 정녕 천 년도 당신 눈에는 지나간 어제 같고 야경의 한때와도 같습니다. 당신께서 그들을 쓸어 내시면 그들은 아침잠과도 같고 사라져 가는 풀과도 같습니다. 아침에 돋아났다 사라져 갑니다. 저녁에 시들어 말라 버립니다."(시편 90,3-6)

예수님도 성공한 부자를 비유로 들어 인생의 허무를 일깨우신다.(루카 12,16-21) 이 부자는 자기의 능력으로 힘껏 일을 하여 성공하였다. "성공하였으니 이제 걱정할 것 없다. 실컷 먹고 마시고 즐기자."며 그는 창고를 헐고 더 큰 것을 지었다. 그런데 그는 하룻밤도 즐기지 못하고 그날로 죽었다. 이보다 더 허무한 일이 있을까?

인간이 성공하여 쌓은 재물도 궁극에는 인생의 허무를 알릴 뿐이다. "태양 아래에서 애쓰는 모든 노고가 사람에게 무슨 보람이 있으랴?"(코헬 1,3) 인생의 허무를 탄식하는 것인가? 이들은 행복이 인간의 노력과 성공으로 보장받는 것이 아님을 일깨우고 있다.

허무를 벗어나는 길은 인간의 지혜와 지식으로 모든 것을 할 수 있다는 생각을 버리고 모든 것이 하느님 손에서 오는 것임을 깨닫는 것이다. "자기의 노고로 먹고 마시며 스스로 행복을 느끼는 것보다 인간에게 더 좋은 것은 없다. 이 또한 하느님의 손에서 오는 것임을 나는 보았다. 그분을 떠나서 누가 먹을 수 있으며 누가 즐길 수 있으랴?"(코헬 2,24-25)

모든 것이 하느님에게서 오는 것임을 아는 자는 시와 때에 자기 인생을 맡길 줄 안다. "하늘 아래 모든 것에는 시기가 있고 모든 일에는 때가 있다. 태어날 때가 있고 죽을 때가 있으며 심을 때가 있고 심긴 것을 뽑을 때가 있다. 죽일 때가 있고 고칠 때가 있으며 부술 때가 있고 지을 때가 있다. 울 때가 있고 웃을 때가 있으며 슬퍼할 때가 있고 기뻐 뛸 때가 있다. 사랑할 때가 있고 미워할 때가 있으며 전쟁의 때가 있고 평화의 때가 있다. 그러니 일하는 사람에게 그 애쓴 보람이 무엇이겠는가?"(코헬 3,1-4.8-9)

십자가에서 비참하게 생을 마치신 예수님의 일생을 허무하다 하지 않는 것은 그분은 자신의 시와 때를, 하느님께 맡겼기 때문이다.

궁리

"어떤 부유한 사람이 땅에서 많은 소출을 거두었다. 그래서 그는 속으로 '내가 수확한 것을 모아 둘 데가 없으니 어떻게 하나?' 하고 생각하였다. 그러다가 말하였다. '이렇게 해야지. 곳간들을 헐어 내고 더 큰 것들을 지어, 거기에다 내 모든 곡식과 재물을 모아 두어야겠다. 그리고 나 자신에게 말해야지. '자, 네가 여러 해 동안 쓸 많은 재산을 쌓아두었으니, 쉬면서 먹고 마시며 즐겨라.' 그러나 하느님께서 그에게 말씀하셨다. '어리석은 자야, 오늘 밤에 네 목숨을 되찾아 갈 것이다. 그러면 네가 마련해 둔 것은 누구 차지가 되겠느냐?' 자신을 위해서는 재화를 모으면서 하느님 앞에서는 부유하지 못한 사람이 바로 이러하다."(루카 12,16-21)

부자가 곡식을 쌓아둘 큰 창고를 생각한 것으로 보아 부정하게 재산을 모은 것 같지는 않다. 그는 열심히 일하였고 일하여 얻은 재산을 어떻게 저장해야 할지 아는 현명한 인간이다. 하지만 그는 '내 곡식', '내 재산', '내 창고'만을 지킬 궁리를 하다가 소유의 노예가 되어 혼란에 빠지고 만다. 혼란 속에서 창고에 쌓인 곡식이 자기의 수고로만 얻어진 것이 아님을 생각하지 못한다. 한 알의 곡식이 자기의 손에 이르기까지는 수많은 손을 거쳐야 했다. 하느님께서 땅을 내시고 곡식이 자라도록 충분한 비와 햇빛을 주셨다. 자기 말고 다른 농부들이 자기를 도와 씨앗을 뿌리고 김을

매고 거름을 주면서 밤낮으로 돌보았다. 가뭄이 들 때면 비를 내려 달라고 애타게 기원하고, 장마가 지면 병이 돌까 조바심하며 논밭을 지켰다. 한 알의 곡식에 하느님과 농부의 마음이 담겨 있고, 그렇게 수많은 사람들의 땀과 정성이 맺혀 있다. 부자는 이런 마음을 모른다. 자기 밭에서 난 곡식이라고 자기만을 위한 창고를 지어 쌓아두려고 한다. 곡식이 있기까지의 마음들을 자기의 창고에 가두어두려고 한다. 행복과 즐거움을 창고에 쌓아두고 자기만을 위한 평화와 위로를 얻으려고 한다. 감사하는 마음을 창고에서 썩이려고 한다.

'궁리했다'는 말로 알 수 있듯이 그는 오로지 자기 자신과만 이야기하고 있다. 다른 사람과 재산을 나눈다는 것은 그에게 상상도 할 수 없는 일이다. 자기만의 창고를 지어 혼자 '실컷 쉬고 먹고 마시며 즐길 것'만을 생각한다. 함께 먹고 마시고 즐기는 것이 아니라 혼자만 즐기고자 한다.

소유욕으로 완전히 이기적이 된 이 인간에게 갑자기 하느님의 음성이 들려온다. "어리석은 자야, 오늘 밤에 네 목숨을 되찾아 갈 것이다." 재산은 말할 것도 없고 이웃도 하느님도 생명도 다 잃게 될 것이다.

소유를 두고 너무 궁리하지 말아라.

불행 2

"나는 주님이다. 다른 이가 없다. 나 말고는 다른 신이 없다. 너는 나를 알지 못하지만 나 너를 무장시키니 해 뜨는 곳에서도 해 지는 곳에서도 나밖에 없음을, 내가 주님이고 다른 이가 없음을 알게 하려는 것이다. 나는 빛을 만드는 이요 어둠을 창조하는 이다. 나는 행복을 주는 이요 불행을 일으키는 이다. 나 주님이 이 모든 것을 이룬다."(이사 45,5-7)

우리는 하느님은 빛이시며 인간의 행복을 원하는 분이라고 믿는데 익숙하다. 그래서 어둠에 빛이 비치기를 바라며 이 음침한 현실에서 벗어나게 해달라고 그분께 간절히 기도한다. 그런데 이 사야에 의하면 어둠도 하느님이 지으셨다. 불행도 하느님이 조장하셨다. 나를 둘러싼 어둠을 지어낸 것도, 나에게서 행복을 앗아간 불행한 상황을 조장하신 것도 하느님이라니 도저히 믿을 수가 없다. 그런 하느님을 믿어 내가 행복을 얻을 수 있을까? 불행을 조장하시는 분이 나의 행복을 보장해주실 수 있을까?

"하느님을 저주하고 죽어 버려요."(욥 2,9) 욥이 잿더미에 앉아 토기조각으로 몸을 긁으며 괴로워하는 비참한 모습을 보고 그의 아내가 내뱉은 말이다. "당신은 미련한 여자들처럼 말하는구려. 우리가 하느님에게서 좋은 것을 받는다면, 나쁜 것도 받아들여야 하지 않겠소?"(욥 2,10) 내 몸에 나쁜 것뿐 아니라 불행까지도 하느님의 선물로 받아들이는 욥의 답변이다.

　우리는 욥 이야기의 결과를 알고 있다. 고통을 없애달라고, 불행을 행복으로 바꾸어달라고만 기도하는 동안 고통은 더 깊이 우리 존재를 파고들 것이며, 불행은 더욱 우리에게 어두운 그림자를 드리울 것이다. 불행을 행복으로 바꾸지 못하는 저 무능한 하느님께 실망하며 그분에게서 등을 돌리게 될 것이다. 욥에게 하느님은 지금 당장 내가 당하는 행·불행에 따라 좋은 하느님, 나쁜 하느님, 내게 유익한 하느님, 별 볼일 없는 하느님, 심지어는 있어도 되고 없어도 되는 하느님이 아니었다. 행복을 주는 것도 그분이요 불행을 조장하는 것도 그분이다. 욥이 믿는 하느님이었다.

　행복은 온갖 불행 가운데서도 하느님을 찬양할 때 찾아온다.

불행 3

우리는 불행의 이유를 환경 탓, 조상 탓, 남의 탓으로 돌릴 때가 많다.

하지만 우리를 불행하게 한 이런 것들을 피해간다고 행복이 주어지는 것이 아님 또한 알고 있다. 불행의 탓을 피해가려고 애를 쓰면 쓸수록 행복이 우리에게서 더욱 멀리 달아나며, 우리의 뼛속까지 깊숙이 침투하여 육신마저 병들게 한다는 것도 알고 있다. 불행은 밖에서부터 오는 것이 아니다.

거름이 뿌려진 밭이 지저분하다고 코를 막고 눈을 감으면 그 속에 묻혀 있는 보화를 캐낼 수 없듯이, 자기의 불행을 남의 탓으로만 돌린다면 행복도 얻을 수 없다. 불행이 밖에서부터 오는 것이 아니듯이 행복도 밖에서부터 주어지는 것이 아니다. 나에게 불행을 주었다고 생각되는 그 사람이 나에게 행복을 선사하는 조건이요 선물임을 깨달을 때 나는 비로소 진정 행복을 누릴 수 있다.

불행의 씨앗이 곧 행복의 씨앗이다.

내려놓다

　예수님께서 갈릴래아 호숫가를 걸어가시다가 베드로와 안드레아가 그물을 던지고 있는 것을 보시고 다가가서 "나를 따라오너라. 내가 너희를 사람 낚는 어부가 되게 하겠다." 하시자 그들은 그물을 버리고 예수님을 따라 나섰다. 예수님께서 조금 더 가시다가 이번에는 아버지와 함께 배에서 그물을 손질하고 있는 야고보와 요한을 보시고 또 부르시자 그들 또한 배와 아버지를 버리고 예수님을 따라 나섰다.(마태 4,18-22) 여기서 버린다는 것은 지금까지 그들의 삶을 지탱해주던 것을 내려놓고 그 자리를 떠나는 것을 말한다. 이것은 지금까지 자기의 삶을 있게 한 모든 것을, 생명의 원천(아버지)까지를 포기하는 것으로 새로운 출발을 암시한다.

　예수님께서는 그들에게 모든 것을 내려놓게 하시기 직전에 스스로 당신의 내려놓는 삶을 보여 주셨다. 그분은 광야에서 악마의 유혹을 물리치시고 난 후 요한이 잡혔다는 소식을 듣고 갈릴래아의 즈블론과 납달리 호숫가에 있는 카파르나움으로 가서 사셨다. 제자들을 부르시기 전 그분께서는 빵도 명예도 영광도 다 그 자리에 내려놓으셨다. 소위 말하는 강남땅도 서울도 다 버리셨다. 유명해지고 출세하기 위해서는 서울로 가야한다는 우리의 고정관념을 완전히 뒤엎으셨다. 그분은 죽음의 땅 광야로 가셨고, 모두가 꺼려하는 버려진 땅 즈불론으로 옮겨가셨다. 당신의 설교를 이해

해주지도 들어줄 사람도 없을 것 같은 시골로 가서 첫 복음을 선포하셨다. "하늘 나라가 다가 왔다." "네가 지금 발붙여 살고 있는 곳에 행복이 감추어 있다."

나는 지금까지 어디서 행복을 추구하였던가? 부와 명예와 권력의 그물을 촘촘하게 짜며 거기에 내 모든 행복을 걸고 꿈꾸지 아니하였던가? 인류 역사는 부와 명예와 권력으로는 행복을 보장할 수 없다고 누누이 말해 주고 있건만 나는 그 그물을 내려놓지 못하고 있는 것이 아닌가? 예수님께서 제자들을 부르며 말씀하신다. "나를 따라오너라. 내가 너희를 사람 낚는 어부로 만들겠다." (마태 4.19) 지금까지 사용하던 관념의 그물로는, 배경으로는, 혈연으로는, 지연으로는 사람을 낚을 수 없다. 이 모든 것을 내려놓고 즈불론 땅으로 옮겨갈 수 있어야 한다. 그때 내 삶을 온통 엮어놓은 환상의 그물에서 벗어나 삶을 들여다보게 될 것이다. 새 세계가 열릴 것이다.

그런데 나는 여전히 이것들을 내려놓지 못하고 있다. 예수님을 따르는 것이 내 모든 행복을 버리게 하는 것 같아 불안하다. 저 예수님은 무슨 배짱으로 저들에게 모든 것을 그 자리에 내려놓고 당신을 따르라고 요구하시는가? 그분을 몰랐을 때는 몰라서 행복하지 못했고 그분을 알고 나서는 그분의 요구가 지독하여 흔쾌히 내가 있는 자리를 뜨지 못한다.

성패成敗

우리는 종종 실패한 인생이니 성공한 인생이니 이야기하지만 인생에 실패나 성공이란 있을 수 없다. 한 인생을 성공한 인생과 실패한 인생으로 나누는 것은 인생에 대한 예의가 아니다. 더군다나 성패의 기준을 물질과 명예와 인기와 영광의 축적에 두는 것은 하느님께 대한 모독이다. 인생에는 오로지 삶이 있을 뿐이다. 하느님께서 선사하신 생명이 있을 뿐이다. 모두는 이 생명을 받아 살아간다. 돈과 명예와 인기가 아니라 생명이 존중받는 시대가 그립다.

미래

앨빈 토플러가 『부의 미래』라는 책을 펴냈다. 부가 우리의 삶에 미치는 영향에 대해서 쓴 책이다. 그러나 엄밀히 말하면, 부에는 미래가 없다. 오로지 인간(인류)에게만 미래가 있을 뿐이다. 미래는 시간이 흐르면 저절로 다가오는 것이 아니라 이미 인간(인류)의 마음속에 있다. 그러므로 우리가 상투적으로 사용하는 의미의 미래란 인간(인류)에게 없다. 열매가 씨앗 안에 감추어 있듯이, 씨앗이 열매 안에 감추어 있듯이, 인류의 미래는 이미 인류의 마음 안에 감추어 있기 때문이다. 현재에 깨어 있는 자만이 미래를 살 수 있다. 미래를 내다보고 싶거든 자기 마음 안으로 들어가라. 아름다운 미래를 꿈꾸며 설계하고 싶거든 자기의 마음 안으로 들어가도록 하라.

인류의 미래가 불안하게 보이는 것은 인류가 지금 자기의 마음 안으로 들어가지 못하기 때문이다. 서로가 서로의 마음 안으로 들어가지 못하기 때문이다. 서로의 마음 안으로 들어가 서로의 씨앗을 자라게 하지 못하기 때문이다. 존재의 현상에 머물러 있기 때문이다.

부와 명예와 권력과 인기 따위가 인간이 자기의 마음 안으로 들어가는 것을 방해한다. 부와 명예와 권력과 인기 따위만을 쫓는 이에게 미래는 없다.

성공한 얼굴

성공한 얼굴은 어떤 얼굴일까? 돈을 많이 축적하고 높은 지위에 오른 자의 얼굴일까?

시메온이라는 노인이 예루살렘 성전에서 아기 예수님을 가슴에 받아 안고 노래한다. "주님, 이제야 말씀하신 대로 당신 종을 평화로이 떠나게 해 주셨습니다. 제 눈이 당신의 구원을 본 것입니다."(루카 2,29-30) 그 얼굴에서 평온을 느낀다. 시메온에게 평온을 찾아준 얼굴은 화려한 궁궐과 막강한 권력과 명예를 지닌 분이 아니라 마구간에서 초라하게 탄생한 아기의 얼굴이었다. 평온한 그의 얼굴에 순진한 아기의 얼굴이 겹쳐지고, 아기의 얼굴에 십자가상 예수님의 얼굴이 겹쳐진다.

세상의 구세주는 우리의 인생을 그런 얼굴로 완성시키려고 구유에서 아기로 태어나시어 마리아와 요셉이, 목동과 동방의 박사들이, 시메온과 안나가 당신의 얼굴을 들여다보게 하셨다. 그분은 우리의 인생을 그런 얼굴로 완성시키려고 십자가에 달려 돌아가셨다. 구원을 바라는 인류가 십자가를 올려 보게 하셨다.

죽을 때 나의 얼굴이 아기 예수님을 들여다보는
시메온의 얼굴을 하고 있다면!

남이 내 얼굴을 보고 이제 구원을 보았노라 말할 수 있다면!

죽은 아들의 시신을 품에 안고 들여다보는
성모의 얼굴을 하고 있다면!

희망

 희망을 나타내는 히브리어 중에 '티그바'라는 단어가 있다. 이 단어는 본래 '줄', '밧줄'이라는 뜻을 가지고 있다. 여호수아가 예리고 지역을 살피도록 정탐꾼을 보냈을 때 라합이라는 창녀가 이들을 자기 집에 숨겨 주고는 추격대를 따돌리고 그들을 창문에서 밧줄을 내려 구해주었다. 이들은 라합의 집에 분홍줄로 표시를 달아 나중에 도시를 점령한 이스라엘이 해치지 못하게 하였다.(여호 2,18.21) 줄은 구원을 이루는 도구로, '희망'의 뜻으로 사용되었다. 희망은 믿음과 깊이 관련이 있다. 아브라함은 "희망이 없어도 희망하며, '너의 후손들이 저렇게 많아질 것이다.' 하신 말씀에 따라 '많은 민족의 아버지'가 될 것을 믿었다."(로마 4,18) 희망은 물기 없이 메마른 땅에서 주님을 목말라하고 주님을 애틋이 찾는 영혼이 주님의 힘 영광을 뵙기를 바라는 것이다. 주님께서 붙들어 주시기를 바라는 것이다.(시편 63,2)

 "피조물만이 아니라 성령을 첫 선물로 받은 우리 자신도 하느님의 자녀가 되기를, 우리의 몸이 속량되기를 기다리며 속으로 탄식하고 있습니다. 사실 우리는 희망으로 구원을 받았습니다. 보이는 것을 희망하는 것은 희망이 아닙니다. 보이는 것을 누가 희망합니까? 우리는 보이지 않는 것을 희망하기에 인내심을 가지고 기다립니다."(로마 8,23-25)

"희망 속에 기뻐하고 환난 중에 인내하며 기도에 전념하십시오."(로마 12,12)

"이제 우리는 하느님의 자녀입니다. 우리가 어떻게 될지는 아직 드러나지 않았지만, 그분께서 나타나시면 우리도 그분처럼 되리라는 것은 알고 있습니다. 그분을 있는 그대로 뵙게 될 것이기 때문입니다. 그분께 이러한 희망을 두는 사람은 모두, 그리스도께서 순결하신 것처럼 자신도 순결하게 합니다."(1요한 3,2-3)

"행복하여라, 야곱의 하느님을 도움으로 삼는 이 자기의 하느님이신 주님께 희망을 두는 이! 그분은 하늘과 땅을, 바다와 그 안의 모든 것을 만드신 분이시다. 영원히 신의를 지키시고 억눌린 이들에게 올바른 일을 하시며 굶주린 이들에게 빵을 주시는 분이시다. 주님께서는 붙잡힌 이들을 풀어 주시고 주님께서는 눈먼 이들의 눈을 열어 주시며 주님께서는 꺾인 이들을 일으켜 세우신다."(시편 146,5-8)

"이루어지지 않은 희망은 마음을 아프게 하지만 이루어진 소망은 생명의 나무가 된다."(잠언 13,12)

"산 이들에 속한 모든 이에게는 희망이 있으니 살아 있는 개가 죽은 사자보다 낫기 때문이다."(코헬 9,4)

건강

집회서는 말한다. "가난하지만 건강하고 튼튼한 몸을 가진 이가 부유하지만 제 몸에 상처가 많은 자보다 낫다. 건강한 삶은 어떤 금보다 좋고 굳건한 영은 헤아릴 수 없는 재물보다 좋다. 몸의 건강보다 좋은 재산은 없고 마음의 기쁨보다 큰 즐거움은 없다."(집회 30,14-16) 건강은 하느님의 선물이다.

예루살렘에는 벳자타라고 불리는 못이 있다. 가끔씩 주님의 천사가 내려와 물이 출렁이게 하는데 그때 제일 먼저 못에 내려가는 이는 무슨 질병에 걸렸더라도 건강하게 되었다. 수많은 병자들이 병이 낫기 위해 몰려들었다. 거기에는 서른여덟 해나 앓는 사람도 있었다. 그는 물이 출렁일 때마다 못 속에 넣어 줄 사람이 없어 건강해질 수 없었다. 예수님께서 그에게 말씀하셨다. "일어나 네 들것을 들고 걸어가거라." 그러자 그 사람은 곧 건강하게 되어 자기 들것을 들고 걸어갔다.(요한 5,2-8) 그 사람이 곧 건강하게 되어 자기 들것을 들고 걸어가자 유다인들이 그 날이 안식일이라는 이유로 시비를 걸었다. 시비를 거는 그들은 건강이 하느님의 선물임을 보지 못한다. 육체는 건강하여도 그들은 마음이 병든 사람이다.

"자, 너는 건강하게 되었다. 더 나쁜 일이 너에게 일어나지 않도록 다시는 죄를 짓지 마라."(요한 5,14) "건강한 이들에게는 의사가 필요하지 않으나 병든 이들에게는 필요하다. 나는 의인이 아니

라 죄인을 부르러 왔다."(마르 2,17; 루카 5,31)

건강을 하느님의 선물로 보는 사람은 병도 하느님의 선물로 받아들인다. 몸과 마음이 건강한 사람은 건강한가, 병들었는가 하는 물음에서 벗어나 산다. 그에게 생과 사가 문제가 아니듯이 늙음과 젊음, 병과 고통 또한 문제가 아니다. 모두가 하느님 안에서 일어나는 하느님의 선물이기 때문이다. 건강은 보신으로만 지킬 수 있는 것이 아니다. 자기의 몸이 하느님의 선물임을 깨달아야 한다. 건강을 원한다면 보신보다는 지혜를 구해야 한다. 건강식품이 나를 지켜주고 다시는 병들지 않게 할 것처럼 매달리며 집착하는 사람은 마음이 허해 보인다. 허한 마음을 가지고 사는 몸은 처량하다. 웰빙의 한계이다. 웰빙은 인간의 마음을 병들게 한다. 건강은 건강한 마음에서 나온다.

"나는 지혜를 건강이나 미모보다 더 사랑하고 빛보다 지혜를 갖기를 선호하였다."(지혜 7,10)

"지혜의 화관은 주님을 경외함이며 지혜는 평화와 건강을 꽃피운다."(집회 1,18)

치유 1

몸이 아프면 마음도 아프고 마음이 아프면 몸도 아프다. 근원적으로 치유되어야 할 것은 몸보다는 마음이다. 마음의 병이 치유되면 설사 몸이 아프다 해도 온 몸이 낫는다. 오그라든 손이 펴지고 소경이 보고 귀머거리가 듣고 절름발이가 걸어 다녀도 마음이 병든 채 있으면 치유되었다 할 수 없다. 치유의 은사를 오로지 몸에서만 찾는 것은 몸과 마음이 하나라는 것을 깨닫지 못한 때문이다. 몸에 치유의 기적이 일어나기를 바랄 것이 아니라 마음에 치유의 기적이 일어나기를 구해야 할 것이다. 상처가 아물지 않은 그리스도의 몸(성체)에서 그분의 마음(성심)을 느끼도록 하라.

보기 싫은 사람

보기 싫은 사람 때문에 성당에 가기 싫다는 사람이 더러 있다. "저 사람 성당에 나오지 않게 해 주십시오. 분심이 들어서 기도를 할 수가 없습니다." 하고 부탁하는 사람도 있다. 이런 사람에게 예수님께서 세리와 바리사이의 기도를 들려주신다.

하느님께서는 "오, 하느님! 제가 다른 사람들, 강도짓을 하는 자나 불의를 저지르는 자나 간음을 하는 자와 같지 않고 저 세리와도 같지 않으니, 하느님께 감사드립니다. 저는 일주일에 두 번 단식하고 모든 소득의 십일조를 바칩니다." 하고 기도한 바리사이의 기도가 아니라 "오, 하느님! 이 죄인을 불쌍히 여겨 주십시오" 하고 기도한 세리의 기도를 인정하신다는 것이다.(루카 18,9-14)

당당하게 성전 앞으로 나아가 기도하지 못하는 저 세리의 마음 깊은 곳에도, 기도라곤 할 것 같지 않은 저 죄인에게도 하느님의 자비를 청하는 순수한 마음이 있다. 보잘것없는 죄인이라는 고백 속에 하느님에 대한 신뢰가 작은 겨자씨처럼 작용하고 있다. 어떤 누추한 인생도, 무가치하게 보이는 인생도 그 밑바탕에는 하느님을 갈망하는 마음, 행복을 추구하며 기도하는 아름다운 마음이 감추어 있다. 어느 누구도 다른 사람을 함부로 죄인 취급하지 마라.

세관장 자캐오(루카 19,1-10)는 사람들로부터 돈만 아는 세리라고 배척을 받지만 그에게도 주님을 만나고 싶은 열정이 도사리고 있다.

그가 키가 작은 사람이었다는 것은 많은 것을 시사한다. 키가 작은 그는 군중 속에서 수평으로는 도저히 주님을 바라볼 수 없다. 그는 주님을 보기 위하여 남들의 시선 따위 상관하지 않고 높은 나무 위로 올라간다. 그의 그런 작은 마음에는 주님을 만나고 싶은 열정이 감추어 있다. 과거를 청산하고 새로운 사람으로 살고 싶은 열정, 지금의 이 상태로 살고 싶지 않은 열정이 있다. 예수님께서는 나무에 오른 키 작은 자캐오에게서 그 열정을 보신다.

모든 이의 마음 안에 감추어 있는 이 조그마한 마음을 아시기에 예수님께서는 말씀하신다. "이 사람도 아브라함의 자손이다." 이 사람도 하느님의 구원이 이루어지는 장소이다. 그렇게 예수님께서는 인간 하나하나 안에 감추어 있는 구원의 씨앗을 일깨우셨다. 베드로에게서 배반의 아픔이 아니라 사랑의 씨앗을, 간음하다 들킨 여인에게서 죄가 아니라 영원한 생명을, 세리의 기도와 자캐오의 행위에서 물욕이 아니라 영원을 추구하는 마음을 보셨다. 그분은 값싼 동정이 아니라 사랑으로 모두를 대하신다.

그 사랑을 만나러 우리는 오늘도 성당을 찾는다. 보기 싫은 사람, 키 작은 세리를 만나기 위해서. 그들을 부르신 예수님의 마음을 만나기 위해서. 그들을 비웃는 내 마음, 그들을 냉대하는 나의 차가운 마음을 씻기 위해서. 인간의 마음은 하느님께서 심어주신 마음이다.

어리석은 사람

외형적인 사물에만 비중을 두다가 정작 보아야 할 그 안에 감추어진 하느님 나라를 보지 못하는 행위를 어리석다고 한다.

외형적인 것이 살아가는 데에 가치가 있고 도움을 주기는 하지만 그것은 궁극에는 있어도 되고 없어도 되는 것이며, 오늘 있다가 내일은 사라질 수도 있는 것이다. 예수님은 외형적인 것에 붙들려 먹고 마시고 즐기며 그것의 축적에만 온통 마음을 쏟고, 내면으로 향한 마음의 문은 닫아걸고 사는 사람을 어리석은 자라 부르신다.(루카 12,20)

이들을 잔과 접시의 겉은 깨끗이 닦으면서도 속에는 착취와 사악이 가득 차 있는 자들이라고 지적하신다. "어리석은 자들아, 겉을 만드신 분께서 속도 만들지 않으셨느냐?"(루카 11,40)

어리석은 자들은 대체로 성미도 급하다.

2

행복하기 위하여

가라지

어떤 사람이 밭에 좋은 씨를 뿌렸다. 그가 자는 동안 "그의 원수가 와서 밀 가운데에 가라지를 덧뿌리고 갔다. 줄기가 나서 열매를 맺을 때에 가라지들도 드러났다."(마태 13,25-26) 종들이 주인에게 물었다. "저희가 가서 그것들을 거두어 낼까요?"(마태 13,28) 주인이 대답하였다. "아니다. 너희가 가라지들을 거두어 내다가 밀까지 함께 뽑을지도 모른다. 수확 때까지 둘 다 함께 자라도록 내버려 두어라."(마태 13,29-30) 가라지를 뽑으려는 마음이 밀을 상하게 할 수도 있음을 걱정하는 것이다.

우리는 세상의 불의와 악을 보면 금방 분노하며 이를 없애는 데 온 힘을 쏟아 부으려 한다. 가라지는 물론이고 원수를 끝까지 추적하여 제거시켜야 정의가 이루어질 것처럼 생각한다. 인류는 여태껏 그런 심성으로 살아왔다. 하지만 세상은 여전히 악과 불의가 판을 친다. 이는 인간의 노력만으로는 세상에 평화를 이룰 수 없음을 강하게 암시하는 것이다. 정의는 불의와 악을 근절시킨다고 구현되는 것이 아니다. 불의와 악을 없앤 자리에 정의가 구현된다는 생각이 오히려 마음을 경직시키고 서로에게 상처를 줄 수 있다. 가라지를 뽑으려고 하지 마라. 오히려 가라지를 뽑으려는 그 마음을 뽑아라. 가라지를 뽑으려다 밀까지 뽑을 수 있는가 하면 서로에게 치명적인 상처를 줄 수 있다. 이때 입는 상처는 뽑혀나

가는 가라지만이 아니라 밀이 입는 것이기도 하다.

  이에 예수님은 가라지를 뽑는 것은 하느님께 맡기라고 조언하신다. 밀과 가라지를 함께 자라는 것을 인내하시는 하느님만이 가라지를 뽑을 권리가 있다. 하느님께서 인간처럼 가라지를 뽑기로 작정하셨다면 세상에 남아 있을 인간은 아무도 없을 것이다. 가라지 같은 내 인생을 끝까지 참아주시는 하느님의 인내심 때문에 나는 지금 살아 있다. 가라지 같은 내 인생을 살게 내버려두시는 하느님의 인내심을 느끼도록 하라. 하느님의 인내심을 배우도록 하라. 밀 이삭을 다치지 않게 하려는 주인의 마음은 그대로 평화이다.

보리밥

보리만 가지고 지은 밥도 보리밥이고 쌀밥에 보리가 몇 톨 섞여도 누군가에게는 보리밥이다. 그런가 하면 어떤 이에게는 보리밥에 쌀이 몇 톨 들어가도 쌀밥이다. 보리밥인지 쌀밥인지는 쌀과 보리가 아니라 그것을 먹는 인간의 마음이 정해준다. 밥은 마음으로 먹는 것이다.

우리는 때때로 세상이 점점 악랄해진다고 개탄하며 좋은 세상을 위해 나쁜 사람을 뽑아 버려야 한다고 주장하기도 한다. 세상에는 정말 나쁜 사람이 점점 더 많아지는 것일까? 이들이 사라지면 정말 좋은 세상이 올까? 인류가 지나간 곳에는 늘 이런 식의 불만과 개탄이 있어 왔다.

하느님께서 세상을 창조하시고 나서 보시니 '좋았다'고 하셨다. 하느님께서 '좋았다'고 하신 것은 소위 인간들이 죄짓기 이전의 상태를 두고 하신 말씀이 아니다. 모든 인간이 한데 어울러 사는 이 세상을 두고 하신 말이다. 하느님은 인간처럼 보리밥이냐 쌀밥이냐, 좋으냐 나쁘냐를 가리는 눈으로 세상을 바라보시지 않는다. 하느님의 눈으로 세상을 바라보자. 세상이 달리 보일 것이다. 세상을 창조하신 그분의 선하신 눈길을 느낄 것이다.

"보시니 좋았다"는 말씀은 "너희는 세상을 좋은 눈으로 바라보라"고 인간에게 던지신 하느님의 원초적 명령이다. 인간은 하느님의 눈으로 세상을 바라보며 사는 법을 배워야 한다. 인간들은 짐짓 선과 악, 정의와 불의, 보리와 쌀, 밀과 가라지를 가리지 않는 애매한 태도로 살다간 세상이 온통 가라지 밭이 되지 않을까 걱정한다. 하지만 그런 눈빛이 세상을 더욱 각박하게 만들어 왔다는 것은 역사의 교훈이다. 세상이 불공정하게 여겨지는 것은 가라지를 다 뽑아 버리지 못해서가 아니다. 세상에 내가 지금 살아 있는 것은 내가 가라지가 아니라서가 아니라 가라지를 참아주시는 하느님의 마음 때문이다. 이 사실을 우리는 깨닫도록 해야 한다.

한 번이라도 하느님과 같은 마음가짐으로 보리밥을 먹어본 적이 있는가? 쌀밥을 먹어본 적이 있는가? 세상을 살아 보려고 한 적이 있는가? 마음으로 밥을 먹어라. 마음으로 인간을 대하라.

분노 1

아람 임금의 군대 장수인 나아만은 힘센 용사였으나 나병환자였다. 아람 임금은 이스라엘에 병을 잘 고치는 예언자가 있다는 이야기를 듣고 나아만을 이스라엘의 임금에게 보내면서 그의 병을 낫게 해 달라는 편지를 함께 보낸다. 이스라엘의 임금은 그 편지를 읽고 옷을 찢으면서 화를 낸다. 아람 임금이 자기 신하의 나병을 고쳐 달라고 자기에게 청하는 것은 분명 자기와 싸울 트집을 잡기 위한 것이라 이해했기 때문이다. 이스라엘 임금이 옷을 찢었다는 소리를 들은 예언자 엘리사가 임금에게 사람을 보내어 이스라엘에 예언자가 있음을 알게 할 기회인데 왜 화를 내느냐며 나아만을 자기에게 보내라고 전한다.

그리하여 나아만은 군마와 병거를 거느리고 엘리사를 찾아 그의 집 대문 앞까지 왔다. 그러나 엘리사는 나와 보지도 않고 심부름꾼을 시켜 요르단 강에 가서 일곱 번 몸을 씻으라는 말만을 나아만에게 전하게 한다. 이번에는 나아만이 화가 나서 발길을 돌리려 한다. 자기 고향에는 더 좋은 강물이 있고 거기서 몸을 더 깨끗이 씻을 수 있다는 것이다.

그러자 그의 부하들이 만류하며 말한다. "아버님, 만일 이 예언자가 어려운 일을 시켰다면 하지 않으셨겠습니까? 그런데 그는 아버님께 몸을 씻기만 하면 깨끗이 낫는다고 하지 않습니까?" 나아만은 자존심을 버리고 엘리사가 일러준 대로 요르단 강에 내려가서 일곱 번 몸을 담갔다. 그러자 어린아이 살처럼 새살이 돋아 깨끗해졌다.(2열왕 5,1-15)

이스라엘 임금이 아람 임금의 편지를 읽고 화를 낸 것은 그가 왕이었기 때문이고 나아만이 엘리사가 내려준 처방을 전해 듣고 화를 낸 것은 그가 아람군의 높은 지위에 있는 군사였기 때문이었다. 그들의 분노는 그들의 높은 지위와 명예로 말미암아 상대의 마음을 읽지 못할 뿐더러 상대를 얕잡아본 때문이었다. 직책과 명예와 인기와 재물에 연연한 사람은 화를 내기 마련이다.

예언자는 고향에서 환영을 받지 못한다는 예수님의 말씀에 바리사이들이 화를 낸 것(루카 4, 24-30)도 이런 맥락에서 이해된다. 예수님의 이 말씀은 자기를 몰라주는 고향사람에 대한 서운함이라기보다 남(타지 사람)을 배격하는 것이 몸에 밴 바리사이들을 겨냥하여 하신 말씀이기도 하다. 그들이 남의 마음 안에 들어가 남들의 소리에 귀를 기울이는 존재였다면 화를 내지 않았을 것이다. 그랬더라면 그들은 하느님 나라가 모든 이의 마음 안에 와 있다는 예수님의 말씀을 존중하였을 것이다.

화는 마음 안에 쌓아두면 안 된다고들 한다. 그래서 화는 내어서라도 풀어야 한다고 말한다. 맞는 말이다. 하지만 그렇게 해서 푼 화는 당장은 속을 시원하게 할지는 모르지만 상대의 마음에 상처를 입힐 수도 있다. 상대의 마음에 상처를 입히는 화는 자기의 존엄한 존재마저 비참하게 만든다. 상대에게 상처를 입히는 화는 악이다.

두려움

　우리는 흔히 인생을 바다에 비유한다. 출렁임을 멈추지 않고 때로는 목숨까지 위협하는 거친 바다. 이 바다에 인생을 비유하며 우리는 헤엄치듯 세상을 산다. 파도를 타고 파도 없는 곳을 향하여. 하지만 바다 앞에 서 본 적이 있는 사람은 안다. 산을 집어삼킬만한 큰 파도보다 더 두려운 것은 잔잔할지라도 바다에 뛰어드는 것임을. 우리는 수영의 초보자처럼 인생에 뛰어든 사람이다. 파도를 없이 해달라고 기도할 것이 아니라 파도에 대한 두려운 마음을 가라앉히고 인생을 살아가는 것이 중요하다. 성인들은 두려움 속에 하느님을 만나고 하느님을 두려워하면서 하느님께서 내신 세상을 존중하며 조심스럽게 대하게 된 사람들이다. 두려운 마음을 잃을 때 인생은 교만에 익사된다.

시험

고통은 하느님께서 우리에게 주시는 시험이다. 여기서 시험이란 우리가 고통을 얼마나 잘 참아 받는가, 고통 가운데도 하느님을 의심하지 않고 얼마나 잘 믿고 있는가 하고 우리의 의중을 떠보기 위한 것이 아니다. 하느님은 우리가 고통을 잘 견뎌내면 그 전보다 나은 상을 내리고 그렇지 못하면 계속 고통 중에 인간을 괴롭히는 분이 아니다. 하느님이 인간을 그런 식으로 대한다면 하느님은 참으로 고약한 분이다.

생로병사의 바다를 헤치며 인생을 살다보면 하느님이 정말 계시는가, 하느님은 정말 선한 마음으로 우리를 창조하셨는가 하는 의문이 들 때가 많다. 이런 의문은 아, 이런 고통 중에도 하느님은 나와 함께 계셨구나, 하느님이 내 인생을 다스리고 계시구나 하는 깨달음으로 안내하는 역할을 한다. 시험은 인간을 깨달음에 이르게 한다. 시험을 통하여 인간은 행복만이 아니라 불행도 하느님의 선물임을 깨닫게 된다. 시험은 인간을 죽음으로 이끄는가 하면 하느님의 현존을 깨닫게 하여 생명에 이르게 한다. 시험은 하느님의 사랑을 느끼게 해주는 은총의 시간이다.

"주 만군의 하느님 당신 백성의 기도에도 아랑곳없이
　언제까지나 노여워하시렵니까?

당신께서는 그들에게 눈물의 빵을 먹이시고
눈물을 가득히 마시게 하셨습니다.
당신께서 저희를 이웃들의 싸움거리로 만드시어
원수들이 저희를 비웃습니다.
만군의 하느님, 저희를 다시 일으켜 주소서.
당신 얼굴을 비추소서.
저희가 구원되리이다."(시편 80,5-8)

신비주의

미국의 신학자 M. 폭스에 의하면 신비주의(mysticism)의 어원은 그리스어 '미스티코스'(mystikos)인데 미스티코스는 '감각을 닫는다'와 '신비로 들어가다'의 두 가지 의미를 가지고 있다. 감각의 문을 닫을 때 신비의 문을 열고 들어갈 수 있기에 이 둘은 관련이 있다. 금욕주의는 감각의 문을 닫는 것을 부정적으로 이해한 데서 나온 것이다. 이를 따르는 이들은 감각을 죽임으로 신비에 이르려고 하였다.

M. 폭스는 금욕주의적인 신비에 대해 창조 중심의 신비에 관하여 말한다. 이 영성에 따르면 '감각과 관능은 하느님이 주신 선물'이다. 때문에 감각을 죽이기 위해 육체에 벌을 가하는 것으로는 신비에 이를 수 없다. 오히려 육체라고 하는 선물에 대해 자비로워야 한다. '감각을 닫는' 훈련이란 "감각 재료의 입력을 멈추고, 침묵과 무에 침잠하며, 고독을 체험하고 그것으로부터 배울 수 있는 능력을 기르는 것이다."

"규칙적으로 TV를 끄는 것이라든지 때때로 사막이나 숲이나 바다로 가서 그냥 그곳에 있는 것이라 할 수 있다." 감각은 사악하기에 막아야 할 것이 아니라, 오히려 큰 축복이기에 감각 입력을 정화할 필요가 있어 가끔씩 닫는 훈련을 해야 하는 것이다. 그렇게 신비의 원천으로 들어가게 된다.

감정 조절

조그만 일에도 곧잘 흥분하는 사람이 있다. 인터넷에 벌떼처럼 몰려든 누리꾼들의 흥분한 댓글을 보면 겁이 날 정도이다. 흥분은 사람들을 열광으로 모으는가 하면 언제 그랬느냐는 듯이 차갑게 분노하게 한다. 흥분하는 사람의 그 기쁨은 언제 쌀쌀한 분노로 변하게 될지, 또 분노는 언제 열광으로 변하게 될지 모른다.

사람들의 얼굴에 나타난 기쁨과 슬픔의 표정을 유심히 관찰하면 서로 다르지 않다. 표정만을 따로 떼어 놓고 보면 그것이 웃는 것인지 우는 것인지 알 수 없다. 참 기쁨과 참 슬픔은 얼굴 표정으로 드러나지 않는다. 열광과 분노, 웃음과 울음, 기쁨과 슬픔, 이것들은 '한 느낌'이다. 얼굴에 애써 기쁜 표정을 지으려고 하지 마라. 얼굴에 애써 슬픈 표정을 지으려고 하지 마라. 지나친 사랑의 표현도 사랑이 아니다. 언제 과도한 미움으로 바뀔지 모른다.

미움과 사랑의 감정을 사계절의 변화에 맡기도록 하라. 계절과 자연의 자연스럽고도 한결같은 감정 표현법을 익히도록 하라. 한 느낌에 침잠하도록 하라.

분노 2

구약성경에는 하느님께서 분노하시는 장면이 자주 나온다. 그러나 하느님께서는 아무 곳에서 아무에게나 분노하시지 않는다. 하느님의 분노는 참을 줄도 모르고 아무 때나 분을 터뜨리며 상대에게 상처를 주는 인간의 분노와는 다르다. 인간은 제 성질을 못 이겨 분노하면서 자신이 지금 화를 낼만한 상황에 처해 있다고 변명하거나 화를 내지 않으면 안 된다는 정당한 이유를 댄다. 그렇지만 그처럼 타당한 이유를 가진 화냄도 상대에 따라 그 수위가 달라지고 때로는 화를 내지 않을 수도 있다. 이는 화냄의 기준이 자신에게 있음을 말해 준다. 화를 제공한 것은 상대이지만 그 진원지는 자기의 내면이다. 그것이 상대를 만나면서 터져 나왔을 뿐이다.

하느님의 인내하시는 분노는 사랑에서 분출한다. 하느님의 참는 분노는 사람을 구원한다. 그리고 변화시킨다. 하느님의 분노에 의아해 하기 이전에 하느님의 분노를, 그분의 분노하는 방법을 익히도록 하라. 인내를 배우고 마음을 다스리는 법을 배우도록 하라. 다음의 성경 구절들이 도움이 될 것이다.

> "분노에 더딘 이는 용사보다 낫고 자신을 다스리는 이는 성을 정복한 자보다 낫다."(잠언 16,32)

"노여움을 그치고 성을 가라앉혀라. 격분하지 마라. 악을 저지를 뿐이다."(시편 37,8)

"질투와 분노는 수명을 줄이고 걱정은 노년을 앞당긴다."(집회 30,24)

"사랑하는 여러분, 스스로 복수할 생각을 하지 말고 하느님의 진노에 맡기십시오. 성경에서도 '복수는 내가 할 일, 내가 보복하리라.' 하고 주님께서 말씀하십니다."(로마 12,19)

스트레스와 한

"적응하기 어려운 환경에 처할 때 느끼는 심리적·신체적 긴장 상태. 장기적으로 지속되면 심장병, 위궤양, 고혈압 따위의 신체적 질환을 일으키기도 하고 불면증, 노이로제, 우울증 따위의 심리적 부적응을 나타내기도 한다." 국어사전에서 찾아본 스트레스의 정의이다.

우리는 스트레스를 풀기 위해 스트레스를 준 원인을 잊을 때까지 실컷 술을 마시기도 하고 노래방을 찾아 지칠 때까지 노래를 부르기도 한다. 그러나 그것은 일시적인 방편일 뿐, 술이 깨고 시간이 지나면 더한 괴로움에 시달린다. 스트레스를 해소하는 데에만 온 신경을 다 쏟았을 뿐이기 때문이다.

스트레스는 한(恨)의 부정적인 한 단면이다. 우리 민족 정서의 바탕인 한은 품기만 하는 것이 아니다. 한을 푼 사람은 정(情)의 인간으로 자기에게 한을 제공한 사람에게도 자비로운 존재가 된다. 한의 인간은 자기만 편안해지려고 발광하는 사람이 아니다. 스트레스를 풀겠다고 격하게 행동하며 자기 몸을 학대하는 인간이 아니라 한을 푸는 정의 사람으로 새롭게 태어나길 바란다. 자비의 인간, 홍익인간으로 태어나기를 바란다. 우리 사회가 홍익의 인간으로 태어나기 위해 서로를 격려하는 사회이기를 꿈꾼다.

정情

한국인의 감정은 한(恨)에서 잘 드러난다. 한은 풀기만 하는 것이 아니라 정으로 정화되어야 한다. 한의 근본은 정(情)이다. 한 많은 민족이 정의 민족이라 불리는 까닭이다. 이 정화작업이 이루어지지 못할 때 자신도 주체하지 못하는 원망과 절망의 감정에 휩싸이게 된다. 인내를 잃고 남을 이롭게 하는 홍익인간의 근본을 잃게 된다.

요즘 우리는 너무 흥분을 잘 한다. 인내를 잃고 감정을 억제하지 못하고 뱉고 싶은 말 다 뱉으며 상대를 고려하지 않는다. 언론도 사람들을 흥분시키는 역할을 하고, 대통령과 종교인도 사람들을 흥분시키는 말을 서슴지 않고 내뱉는다.

한을 스트레스처럼 여기며 풀려고만 하는 한 우리는 홍익인간이 아니다. 감정조절을 못하고 인내를 잃은 사람은 남을 널리 이롭게 하는 홍익의 사람, 조선의 사람으로 살 수 없다. "한국 사람은 정이 많다"는 말이 우리끼리 하는 말일 뿐 다른 나라 사람들에게 인정받지 못하는 말이어서야 되겠는가.

온갖 흥분이 가라앉은 새벽의 촉촉함을 호흡하는 조선에서 살고 싶다. 거대한 '대'한민국이 아니라 서로를 위하여 참을 줄 아는 조용한 한(韓)의 나라에서 한국인으로 살고 싶다. 정의 인간으로 홍익인간을 살고 싶다.

웃음

한창 더운 어느 날 아브라함은 웬 낯선 세 사람의 방문을 받는다. 아브라함은 땅에 엎드려 절까지 하면서 그들을 맞이한다. 그리고는 자기 부인 사라를 시켜 송아지를 잡아 극진히 대접한다. 그들이 먹는 동안 그는 나무 아래에 서서 시중을 든다. 그런 아브라함에게 그들은 사라가 곧 임신하여 내년 이 맘쯤이면 아들을 보게 될 것이라고 말한다. 사라가 아브라함의 등 뒤 천막 어귀에서 이 말을 듣고 속으로 웃으면서 말한다. "이렇게 늙어 버린 나에게 무슨 육정이 일어나랴? 내 주인도 이미 늙은 몸인데" 그러자 주님께서 사라의 웃음을 탓하며 말씀하신다. "주님이 못 할 일이라도 있다는 말이냐?" 사라가 두려운 나머지 변명을 한다. "저는 웃지 않았습니다." 그러자 그분께서 말씀하신다. "아니다. 너는 웃었다." (창세 18,1-15) 웃었다 안 웃었다 하는 것 가지고 하느님과 사라가 논쟁을 벌이는 것이 재미있다.

사라는 불가능한 일이 자기 몸에 일어나리라고 하니 웃음을 참을 수 없었다. 하지만 그동안 얼마나 아기를 갖고 싶어 했던가? 아기를 낳지 못하는 여인이라는 서러움을 얼마나 겪었던가? 그런데 이제 아기를 갖게 되리라는 이야기를 듣고 웃는다는 건, 하늘의 별보다 많고 바다의 모래알보다도 많은 후손을 보게 되리라는 말씀을 조금도 의심하지 않고 믿는 남편을 비웃는 일이 아닌가?

메로즈는 사라의 웃음을 '해방의 웃음'으로 해석한다. 즉 사라의 웃음은 "오래 참은 굴욕, 아이를 낳지 못해 생긴 정신적 고통과 관련" 있다는 것이다. 그러기에 그 웃음은 "해방의 웃음일 뿐 아니라 기쁨 웃음, 믿음의 웃음"이기도 하다는 것이다. 메로즈는 신약에서 천사가 즈카르야에게 나타나 엘리사벳이 아들을 낳을 것이라고 했을 때 믿지 못하며 증거를 요구한데 반해 사라는 고마워하는 마음으로 이를 받아들였다며, 그것이 사라의 웃음에 표현되었다고 주장한다.

하느님께 웃지 않았다고 우긴 것도 하느님께 대한 거짓말이 아니라 여자만이 알 수 있는 불임에 대한 두려움에 대한 표현이라는 것이다. 하느님께서 "너는 웃었다."고 말씀하신 것도 사라를 비난하고자 해서가 아니라 아브라함의 "아내로서 겪는 사라의 비극을 알고 당신 나름대로 이 비극에 참여"하기 위해서라는 것이다. "사라의 웃음은 그동안 억눌렀던 온갖 말과 숨겼던 눈물을 요약하는 것과 같다. …… 하느님께서는 사라에게 웃음을 가져다 주셨다."(메로즈) 사라의 웃음에는 사라의 일생이 감추어 있다.

하느님은 사라에게 웃음을 선사하시어 그의 슬픈 역사를 받아들이신다. 그의 후손들은 그렇게 하느님의 자비심에서 세상의 빛을 보게 된다.

성급함

성미 급한 사람은 자기 안을 들여다보지 못한다. 카프카는 성급함을 죄로까지 여긴다. 예리한 통찰이다. "사람에게는 두 가지 큰 죄가 있다. 다른 모든 죄는 여기에서 생겨나는 것이니, 즉 그것은 성급함과 게으름이다. 성급한 탓으로 사람은 낙원에서 쫓겨났고, 게으른 탓으로 사람은 낙원으로 되돌아갈 수 없다. 그러나 이 둘 중에서도 하나만 남긴다면 그것은 성급한 쪽이다. 애초에 쫓겨난 것이 이 성급함 때문이것이다."(『카프카의 일기』, 1910년 12월 17일)

죄인 1

예수님께서 세상을 떠나시기 전, 제자들에게 성령 곧 협조자를 보내주시겠다고 유언하시면서 말씀하신다. "보호자께서 오시면 죄와 의로움과 심판에 관한 세상의 그릇된 생각을 밝히실 것이다." (요한 16,8) 이 말씀은 은연중에 죄에 대한 '우리의' 관념이, '우리의' 정의관이, '우리의' 심판관이 잘못되었음을 지적하신다.

바리사이와 율법학자들은 그들 보기에 명예롭지 않은 사람들, 예컨대 세리와 창녀 그리고 목자들 심지어는 몸이 아픈 사람들(소경, 불구자)까지 죄인으로 취급했다. 그들에게 죄인은 하느님의 벌을 받은 상종하지 말아야 할 존재들이다. 그들은 이들을 죄인으로 몰며 스스로 교만과 위선에 빠져들었다. 이런 사고를 가지고 있었던 만큼 그들은 죄인들에게 자비를 베풀 수 없었고 나아가서는 더 많은 죄인들을 양산해냈다. 예수님은 죄인, 세리, 창녀가 바리사이보다 먼저 천국을 차지하게 되리라고 말씀하셨다. 그들은 적어도 하느님이 주신 마음을 들여다보며 살았기 때문이다.

"살인이나 간통이라고 하면 극악무도한 일처럼 들린다. 그것이 아주 고약한 일임에는 틀림이 없다. 하지만 알고 보면 이러한 짓을 하는 속인을 진짜 죄인이라고 말할 수는 없다. 완전히 그들 중의 한 사람의 몸이 되어 생각해보려고 할 적마다 그들이 정말 아이들 같게만 느껴진다. 물론 그들은 정직하지도 않고 착한 사람도 아니다. 고결하지도 않다. 확실히 이기적이고 호색하고 교만하고 성을 잘 낸다. 그러나 근본을 캐 보면 원래는 죄 없는 사람들이다."(헤세, 유리알 유희)

내가 미워하는 사람, 보기 싫은 사람, 상처를 준 사람이라고 죄인인 것이 아니다. 나에게 죄인이지만 하느님께는 죄인이 아니다.

예수님에게 죄인은 '잃어버린 사람'이다. 다시 찾아주지 않으면 멸망해 버릴 존재이다.(루카 15장) 하지만 죄인들도 하느님의 자녀들이다. 하느님의 피조물이며 하느님의 모상이다. 하느님의 집에 있어야 할 존재들이다. 그들이 집을 떠났다면 찾아서 함께 살아야 한다. '찾고 있음'을 느끼게 해서 돌아오도록 해야 한다. 그리고 함께 기뻐해야 한다. 예수님에게 죄인은 우리에게 '찾는 기쁨'을 선사하는 존재이다. 이 기쁨은 그분을 믿는 가운데서만 가능하리라.(요한 16,9)

죄인 2

죄는 창조주 하느님을 거스르는 행위이며 하느님의 피조물을 파괴하는 행위이다. 하느님과 인간, 그리고 인간과 인간의 창조적 관계를 파괴하는 행위이다. 바오로 사도가 죄를 말하기 위하여 사용한 여러 단어들은 하나같이 창조주 하느님의 계명을 능동적으로 어기는 것들이다(parabasis: 밟고 넘어감, 범죄, 어김. paraptoma: 걸림, 실책, 범죄. kakopoieo: 악을 행함). 죄는 의식적으로 그리고 자유의지로 하느님을 등지고 하느님의 길에서 벗어나는 것, 창조주 하느님께 드려야 할 영광을 거부하는 것, 순종하지 않는(로마 1,24-32) 것이다.(아담과 하와의 죄!)

죄인은 창조주 하느님께 영광을 드리기를 거부할 뿐만 아니라 자기가 하느님인 양 세상을 창조하려고 덤비며 자기 자신이 하느님의 창조물임을 거부하는 자이다. 선과 악을 가릴 수 있는 능력은 오직 하느님께만 있다. 그런데도 자기에게 그런 능력이 있는 양 세상(인간)을 선악으로 가르고 판단하고 단죄하려 드는 사람이다. 죄인은 하느님의 선하심을 부정하고 하느님께 순종하지 않는 자(로마 5,19)이며, 하느님께 대한 영광을 거절하는 자이다. 죄인은 선과 악을 가리지 않고 모두에게 햇빛을 주시고 옳음과 그름을 넘어 모두에게 비를 내려주시는 하느님의 자비를 모른다.

죄로부터의 구원은 오직 힘의 교환이 이루어지는 데서 가능하다. 자기 힘의 자리에 하느님의 힘이 자리하게 하는 것이다. 이 교환은 하느님께 대한 믿음으로만 가능하다. 믿음이 인간을 자유롭게 하고 자비롭게 할 것이다.

죄인 3

시편을 읽다 보면 끊임없이 자신을 남의 공격을 받는 약한 존재로 표현하면서 하느님의 도움을 청하는 시인의 마음을 대하게 된다. 잘못한 것 하나 없이 괴로움을 당하는 자기를 대신해서 하느님께서 원수를 쳐 없애달라고 애원하기도 한다. 이런 기도는 우리를 당황하게 한다. 시인이 저주하는 그 원수는 바로 나 자신이라는 생각이 들어서이다. 하느님을 이용하면서 나의 배만을 불리고, 남에게 해를 입히고, 남을 원수로 만들고, 거짓과 위선으로 가득 차 있는 자는 바로 나 자신이다. 이런 나를 마음 돌리게 하는 노래는 없는가?

시편 12편은 이렇게 노래한다.

"주님, 구원을 베푸소서. 충실한 이는 없어지고 진실한 이들은 사람들 사이에서 사라져 버렸습니다. 저마다 제 이웃에게 거짓을 말하고 간사한 입술과 두 마음으로 말합니다. 주님께서는 간사한 모든 입술과 허황된 것을 말하는 혀를 잘라 버리시리라. 주님, 당신께서 저희를 지켜 주시고 저희를 이 세대로부터 영원히 보호하소서."(시편 12,2-4. 8)

우리는 나를 괴롭히는 자가 남이 아닌 바로 나 자신임을 고백하면서 자신의 허물과 위선을 벗게 해달라는 기도로 하느님께 도움을 청할 수는 없을까? 이렇게:

"주님 미안합니다. 믿음이 깊지 못했습니다. 또 남에게 상처를 주고 실망을 주며 믿지 못할 자가 되었사옵니다. 제 안에 믿을 것이 하나도 없사옵니다. 입만 열면 남 속이는 거짓을 말하고 입술을 재게 놀려 간사한 말을 하고 속 다르고 겉 다른 엉큼한 생각만 하였습니다. 오늘도 이렇게 위선으로 살았사옵니다. 주님, 간사한 제 입술 막아 주시고 제 위선의 혀를 끊어주소서. 이 더러운 저에서 제가 벗어나게 도와주소서."

다음 시는 어떠한가?

"주님, 누가 당신 천막에 머물 수 있습니까? 누가 당신의 거룩한 산에서 지낼 수 있습니까? 흠 없이 걸어가고 의로운 일을 하며 마음속으로 진실을 말하는 이, 혀로 비방하러 쏘다니지 않고 제 친구에게 악을 행하지 않으며 제 이웃에게 모욕을 주지 않는 이라네. 그는 악인을 업신여기지만 주님을 경외하는 이들은 존중하네. …… 무죄한 이에게 해되는 뇌물을 받지 않는다네. 이를 실행하는 이는 영원히 흔들리지 않으리라."(시편 15,1-5)

"저는 아버지의 아들이라고 불릴 자격이 없습니다."(루카 15,19)

죄인 3

시편을 읽다 보면 끊임없이 자신을 남의 공격을 받는 약한 존재로 표현하면서 하느님의 도움을 청하는 시인의 마음을 대하게 된다. 잘못한 것 하나 없이 괴로움을 당하는 자기를 대신해서 하느님께서 원수를 쳐 없애달라고 애원하기도 한다. 이런 기도는 우리를 당황하게 한다. 시인이 저주하는 그 원수는 바로 나 자신이라는 생각이 들어서이다. 하느님을 이용하면서 나의 배만을 불리고, 남에게 해를 입히고, 남을 원수로 만들고, 거짓과 위선으로 가득 차 있는 자는 바로 나 자신이다. 이런 나를 마음 돌리게 하는 노래는 없는가?

시편 12편은 이렇게 노래한다.

"주님, 구원을 베푸소서. 충실한 이는 없어지고 진실한 이들은 사람들 사이에서 사라져 버렸습니다. 저마다 제 이웃에게 거짓을 말하고 간사한 입술과 두 마음으로 말합니다. 주님께서는 간사한 모든 입술과 허황된 것을 말하는 혀를 잘라 버리시리라. 주님, 당신께서 저희를 지켜 주시고 저희를 이 세대로부터 영원히 보호하소서."(시편 12,2-4. 8)

우리는 나를 괴롭히는 자가 남이 아닌 바로 나 자신임을 고백하면서 자신의 허물과 위선을 벗게 해달라는 기도로 하느님께 도움을 청할 수는 없을까? 이렇게:

"주님 미안합니다. 믿음이 깊지 못했습니다. 또 남에게 상처를 주고 실망을 주며 믿지 못할 자가 되었사옵니다. 제 안에 믿을 것이 하나도 없사옵니다. 입만 열면 남 속이는 거짓을 말하고 입술을 재게 놀려 간사한 말을 하고 속 다르고 겉 다른 엉큼한 생각만 하였습니다. 오늘도 이렇게 위선으로 살았사옵니다. 주님, 간사한 제 입술 막아 주시고 제 위선의 혀를 끊어주소서. 이 더러운 저에서 제가 벗어나게 도와주소서."

다음 시는 어떠한가?

"주님, 누가 당신 천막에 머물 수 있습니까? 누가 당신의 거룩한 산에서 지낼 수 있습니까? 흠 없이 걸어가고 의로운 일을 하며 마음속으로 진실을 말하는 이, 혀로 비방하러 쏘다니지 않고 제 친구에게 악을 행하지 않으며 제 이웃에게 모욕을 주지 않는 이라네. 그는 악인을 업신여기지만 주님을 경외하는 이들은 존중하네. …… 무죄한 이에게 해되는 뇌물을 받지 않는다네. 이를 실행하는 이는 영원히 흔들리지 않으리라."(시편 15,1-5)

"저는 아버지의 아들이라고 불릴 자격이 없습니다."(루카 15,19)

죄

그리스도교의 가르침에 의하면 모든 인간은 예외 없이 죄의 상태에 놓여 있다. "의로운 이가 없다. 하나도 없다. 깨닫는 이 없고 하느님을 찾는 이 없다. 모두 빗나가 다 함께 쓸모없이 되어 버렸다. 호의를 베푸는 이가 없다. 하나도 없다. 그들 목구멍은 열린 무덤, 혀로는 사람을 속이고 입술 밑에는 살무사의 독을 품는다. 그들의 입은 저주와 독설로 가득하고 발은 남의 피를 쏟는 일에 재빠르며 그들이 가는 길에는 파멸과 비참만이 있다. 그들은 평화의 길을 알지 못한다."(로마 3,10-17) 어쩌면 인간의 죄 중에서 가장 큰 죄는 자기가 죄인이라는 사실을 인정하지 않는 것이다. 자신의 힘을 믿고 하느님의 힘과 은총을 부정하고 남을 업신여기는 것이다.

자기의 무력함을 깨닫고 자기의 죄를 변명하지 않으며, 자기의 죄를 감추거나 위선의 탈을 쓰지 않고 솔직하게 고백하는 사람은 '하느님의 은총 없이는 죄에 대항할 힘'조차 없다는 것도 알게 된다. 그런 사람에게는 죄도 하느님을 체험하는 은총의 장소가 된다. 교부들은 죄를 '복된 죄(felix culpa)'라고 불렀다.

죄를 통해 하느님만이 자기를 일으켜 세울 수 있다는 것을 깨닫게 된다면, 하느님을 알기 위하여 인간은 일부러 죄를 지어야 하는가? 그렇지 않다. 죄를 통해 하느님을 안다는 것은 죄를 정당

화하는 말이 아니라 죄를 통해 인간은 자기의 무능을 깨닫고, 자기의 무능과 약함을 아는 자만이 하느님의 은총 속에 살고 있다는 것을 깨달으며, 하느님께 순종하는 종으로 태어날 수 있다는 것을 말한다.(로마 6,15-16) "나는 나 자신을 전혀 보장할 수 없다. 죄는 나를 변화시킬 수 있는 유일한 분이신 하느님께 내 눈을 돌리게 한다." "죄 안에서 하느님께서는 우리의 얼굴에 놓여 있는 모든 가면을 벗기시고, 내가 완전한 사람으로 존재하기 위해서 쌓아 올린 담들을 부수어 버린다. 그렇게 하여 우리는 완전히 벗은 알몸으로 참된 하느님 앞에 서게 되며, 우리 자신을 하느님의 사랑으로 다시 일으켜 세우게 된다."(안젤름 그륀)

죄를 통해 은총을 느낄 때, 우리는 구약의 이사야처럼 노래할 수 있을 것이다.

주님께서는 정녕 시온을 위로하시고
그 모든 폐허를 위로하신다.
그 광야를 에덴처럼,
그 황무지를 주님의 동산처럼 만드시니
그 안에는 기쁨과 즐거움이,
감사와 찬미 노랫소리가 깃들리라.(이사 51,3)

"그건 네가 나를 몰라서 하는 말이네. 나는 악한 놈이야. 하느님께서 내게 많은 은혜를 베풀어 주셔서 오늘의 내가 있는 것일 뿐이야. 다른 사람에게 나와 똑같은 은혜를 베푸셨다면 그 사람은 나보다 훨씬 훌륭한 사람이 되었을 걸세."

악惡 1

모든 것이 하느님을 찬양하기 위해 있다. 내가 미워하고 때때로 악이라고 규정하는 것도 나름대로 하느님을 찬양하고 있다. 모든 것이 하느님을 찬미하도록 창조되었다. 고통도 죽음도 하느님을 찬양하기 위해 있다. 이것이 인생의 신비이다.

그러므로 닥친 고통을 애써 피하려 하지 말고 다가오는 죽음을 피하려 하지 마라. 그것들도 하느님을 찬양하고 있음을 보도록 하라. 그것들을 통해 하느님을 찬양하도록 하라. 내가 싫어하는 사람도 하느님을 찬양하고 있다는 사실을 깨치도록 하라. 내가 하느님을 찬양하도록 하기 위하여 그들이 존재한다는 사실을 깨닫도록 하라. 모두를 통해 하느님을 찬양하는 자만이 자기가 누구인지를 안다. 하느님을 찬양하기 전까지 인간은 아직 자기가 누군지 모른다.

악은 내가 모든 것 안에서 하느님을 찬미하지 못하는 마음에서 생긴 것이다. 대자연을 있는 그대로 바라보지 못하고 좋다 나쁘다, 아름답다 추하다, 옳다 그르다 하며 내 시선으로 가르고 판정하면서 어떤 때는 이들을 통해 하느님을 찬미하고, 어떤 때는 이들을 통해 하느님을 원망하는 것이 악이다. 내 기준(마음)에 따라 옳음에 감탄하여 하느님을 찬미하고, 내 기준으로 그렇지 못한 하느님을 원망하는 것이 악이다. 그런 마음으로 내게 지금 고맙고

죄

그리스도교의 가르침에 의하면 모든 인간은 예외 없이 죄의 상태에 놓여 있다. "의로운 이가 없다. 하나도 없다. 깨닫는 이 없고 하느님을 찾는 이 없다. 모두 빗나가 다 함께 쓸모없이 되어 버렸다. 호의를 베푸는 이가 없다. 하나도 없다. 그들 목구멍은 열린 무덤, 혀로는 사람을 속이고 입술 밑에는 살무사의 독을 품는다. 그들의 입은 저주와 독설로 가득하고 발은 남의 피를 쏟는 일에 재빠르며 그들이 가는 길에는 파멸과 비참만이 있다. 그들은 평화의 길을 알지 못한다."(로마 3,10-17) 어쩌면 인간의 죄 중에서 가장 큰 죄는 자기가 죄인이라는 사실을 인정하지 않는 것이다. 자신의 힘을 믿고 하느님의 힘과 은총을 부정하고 남을 업신여기는 것이다.

자기의 무력함을 깨닫고 자기의 죄를 변명하지 않으며, 자기의 죄를 감추거나 위선의 탈을 쓰지 않고 솔직하게 고백하는 사람은 '하느님의 은총 없이는 죄에 대항할 힘'조차 없다는 것도 알게 된다. 그런 사람에게는 죄도 하느님을 체험하는 은총의 장소가 된다. 교부들은 죄를 '복된 죄(felix culpa)'라고 불렀다.

죄를 통해 하느님만이 자기를 일으켜 세울 수 있다는 것을 깨닫게 된다면, 하느님을 알기 위하여 인간은 일부러 죄를 지어야 하는가? 그렇지 않다. 죄를 통해 하느님을 안다는 것은 죄를 정당

화하는 말이 아니라 죄를 통해 인간은 자기의 무능을 깨닫고, 자기의 무능과 약함을 아는 자만이 하느님의 은총 속에 살고 있다는 것을 깨달으며, 하느님께 순종하는 종으로 태어날 수 있다는 것을 말한다.(로마 6,15-16) "나는 나 자신을 전혀 보장할 수 없다. 죄는 나를 변화시킬 수 있는 유일한 분이신 하느님께 내 눈을 돌리게 한다." "죄 안에서 하느님께서는 우리의 얼굴에 놓여 있는 모든 가면을 벗기시고, 내가 완전한 사람으로 존재하기 위해서 쌓아 올린 담들을 부수어 버린다. 그렇게 하여 우리는 완전히 벗은 알몸으로 참된 하느님 앞에 서게 되며, 우리 자신을 하느님의 사랑으로 다시 일으켜 세우게 된다."(안젤름 그륀)

죄를 통해 은총을 느낄 때, 우리는 구약의 이사야처럼 노래할 수 있을 것이다.

> 주님께서는 정녕 시온을 위로하시고
> 그 모든 폐허를 위로하신다.
> 그 광야를 에덴처럼,
> 그 황무지를 주님의 동산처럼 만드시니
> 그 안에는 기쁨과 즐거움이,
> 감사와 찬미 노랫소리가 깃들리라.(이사 51,3)

당신은 누구?

예수님을 알기 전 바오로는 예수님을 믿는 자들에게 살기(殺氣)를 품고 있었다.(사도 9,1) 그리스도를 믿는 자들이 보기에 그는 못된 짓을 골라 하는 인간이었다.(사도 9,13) 주님은 그런 바오로에게 "주님, 당신은 누구십니까?" 하고 묻게 한다.(사도 9,5)

나처럼 열심한 사람만이 "주님, 당신은 누구십니까?" 하고 묻는 것이 아니라 살기를 품고 못된 짓을 골라 하는 저 바오로도 "주님, 당신은 누구십니까?" 하고 묻는다.

주님은 나처럼 열심한 그리스도인이나 사제에게만 "주님, 당신은 누구십니까?" 하고 묻게 만드는 것이 아니라 무식하고 못된 짓을 골라 하는 저 평신도와 저 이교인에게도 "주님, 당신은 누구십니까?" 하고 묻게 만든다.

만나는 모든 사람들이, 나에게 상처를 준 저 사람도 "주님, 당신은 누구십니까?" 하고 질문을 던진다.

악한 사람은 없다

　세상에는 악인이 많다. 어떤 때는 착한 사람보다 못된 사람이 더 많은 것처럼 보인다. 하지만 그것은 내 눈에 비친 세상이다. 이 세상에서 나는 남에게 어떻게 비칠까? 착한 사람으로 비칠까 악한 사람으로 비칠까? 그들에게 비친 내 모습이 나의 전부가 아니다.
　악한 사람은 없다. 내 눈에 악하게 보일 뿐이다. 선인과 악한이 따로 있는 것이 아니라 나에게 좋거나 좋지 않은 사람이 있을 뿐이다. 내 눈이 씻어지면 모두가 하나같이 착하신 하느님의 선한 창조물로 보이게 될 것이다.
　프란치스코 성인의 한 제자가 꿈을 꾸었다. 하느님 곁에 유난히 높게 한 자리가 마련된 것을 보고 천사에게 물었다. "저곳이 누구의 자리입니까?" 천사가 말하였다. "세상에서 가장 겸손한 프란치스코를 위한 것입니다." 제자는 그런 스승을 가진 것이 기쁘기도 하고 부럽기도 했다.
　어느 날 스승에게 물었다. "사부님께서는 스스로 어떤 분이시라고 생각하십니까?" "이 세상에서 가장 악한 사람이다." 사부님의 답변에 놀란 제자가 대꾸한다. "그렇게 말씀하시는 것은 교만이요 위선입니다. 세상 사람들은 모두 사부님을 성인이라고 부르며 존경하고 있지 않습니까? 어떻게 사부님께서 세상의 저 수많은 악인들과 같을 수 있습니까?" 그러자 성인이 말하였다.

"그건 네가 나를 몰라서 하는 말이네. 나는 악한 놈이야. 하느님께서 내게 많은 은혜를 베풀어 주셔서 오늘의 내가 있는 것일 뿐이야. 다른 사람에게 나와 똑같은 은혜를 베푸셨다면 그 사람은 나보다 훨씬 훌륭한 사람이 되었을 걸세."

악惡 1

모든 것이 하느님을 찬양하기 위해 있다. 내가 미워하고 때때로 악이라고 규정하는 것도 나름대로 하느님을 찬양하고 있다. 모든 것이 하느님을 찬미하도록 창조되었다. 고통도 죽음도 하느님을 찬양하기 위해 있다. 이것이 인생의 신비이다.

그러므로 닥친 고통을 애써 피하려 하지 말고 다가오는 죽음을 피하려 하지 마라. 그것들도 하느님을 찬양하고 있음을 보도록 하라. 그것들을 통해 하느님을 찬양하도록 하라. 내가 싫어하는 사람도 하느님을 찬양하고 있다는 사실을 깨치도록 하라. 내가 하느님을 찬양하도록 하기 위하여 그들이 존재한다는 사실을 깨닫도록 하라. 모두를 통해 하느님을 찬양하는 자만이 자기가 누구인지를 안다. 하느님을 찬양하기 전까지 인간은 아직 자기가 누군지 모른다.

악은 내가 모든 것 안에서 하느님을 찬미하지 못하는 마음에서 생긴 것이다. 대자연을 있는 그대로 바라보지 못하고 좋다 나쁘다, 아름답다 추하다, 옳다 그르다 하며 내 시선으로 가르고 판정하면서 어떤 때는 이들을 통해 하느님을 찬미하고, 어떤 때는 이들을 통해 하느님을 원망하는 것이 악이다. 내 기준(마음)에 따라 옳음에 감탄하여 하느님을 찬미하고, 내 기준으로 그렇지 못한 하느님을 원망하는 것이 악이다. 그런 마음으로 내게 지금 고맙고 아름다운 사람을 보내주신 하느님에 찬양과 감사를 드리고, 밉고 상처를 준 사람을 보내주신 하느님에게 원망을 퍼붓기 마련이다. 하느님의 피조물을 하느님의 피조물로 대하지 않고 자기의 피조물처럼 대하는 것이 악이다.

악惡 2

　세상의 악에 분노하며 당신의 온 존재를 걸고 악을 없애려고 대응하지 마라. 당신은 악의 씨앗을 없애지 아니하면 세상이 금시 악으로 뒤덮여버릴 것이라고 생각할지 모른다. 당신의 개념과 생각대로라면 그렇다. 그러나 지금 세상이 어지럽고 악하게 보이는 것은 지금 당신이 가지고 있는 그런 개념의 잣대에 따라 세상이 움직이지 않기 때문이 아니라 저마다 자기의 잣대를 가지고 세상의 악의 씨를 뽑으려고 하는 마음이 더 크게 작용한 때문이다. 당신의 잣대를 포기하고 세상의 밭을 사도록 하라.
　예수님께서는 밭에 묻혀 있는 보화 이야기를 들려주시면서 밭이 더럽다 불평하지 말고 오히려 밭 전부를 사라고 하신다. 밭이 더럽다고 피한다면 당신은 그 안에 감추어 있는 보화를 결코 캐낼 수 없을 것이다. 또는 좋은 씨를 뿌린 밭에 원수가 와서 뿌린 가라지에 대해서도 신경을 쓰지 말라고 하신다. "아니다. 너희가 가라지들을 거두어 내다가 밀까지 함께 뽑을지도 모른다. 수확 때까지 둘 다 함께 자라도록 내버려 두어라."(마태 13,29-30) 가라지를 뽑고 태우고 제거하는 것은 하느님의 일이다.
　시편 저자의 다음 조언도 마음에 새길 필요가 있다. "너는 악을 저지르는 자들 때문에 격분하지 말고 불의를 일삼는 자들 때문에 흥분하지 마라. 그들은 풀처럼 삽시간에 스러지고 푸성귀처럼 시들어 버린다. 주님을 신뢰하며 선을 행하고 이 땅에 살며 신의를 지켜라. 주님 안에서 즐거워하여라. 그분께서 네 마음이 청하는 바를 주시리라. 네 길을 주님께 맡기고 그분을 신뢰하여라. 그분께서 몸소 해 주시리라. 빛처럼 네 정의를 떠오르게 하시며 대낮처럼 네 공정을 밝히시리라. 주님 앞에 고요히 머물며 그분을 고대하여라. 제 길에서 성공을 거두는 자 때문에, 음모를 실행에 옮기는 사람 때문에 격분하지 마라. 노여움을 그치고 성을 가라앉혀라. 격분하지 마라. 악을 저지를 뿐이다."(시편 37,1-8)

세상의 악은 결코 '내' 힘으로 제거되는 것이 아니다. 인생은 '내' 힘으로 성취되고, 완성되는 것이 아니다. 하느님께 맡기지 않고 자기의 힘으로 완성하려할 때 인생은 파괴되기 마련이다.

마귀

마귀도 악을 감추고 착하게 말하고 착하게 행동하며 사람들의 호감을 살 줄 안다. 인간에게 선행을 권할 줄 알고 위로할 줄도 안다. 하느님에 대하여 옳게 이야기할 줄 알고 하느님에 대하여 잘못 이야기하는 사람들을 지적하며 수정할 줄도 안다.

하지만 마귀는 선행을 권하고 슬픔을 달래주면서 사람을 위선과 교만에 빠지게 하고, 사랑의 말을 하면서 미움의 덫에 걸리게 하고, 옳은 말을 하면서 이간질하고, 죄를 짓지 말라고 충고하면서 남을 더 큰 불행에 빠지게 한다. 달콤한 말로 인간을 유혹하고, 위하는 척 하면서 멸망의 구렁으로 안내한다. 그리고 그것을 즐긴다.

마귀는 하느님을 사칭하여 사람들을 이간질하고, 오류에 빠지게 한다. "온갖 힘을 가지고 거짓 표징과 이적을 일으키며"(2테살 2,9) 사람들을 혼란시킨다.

마귀는 그리스도까지 유혹한 존재이다. "그러자 악마는 예수님을 높은 곳으로 데리고 가서 한순간에 세계의 모든 나라를 보여 주며, 그분께 말하였다. "내가 저 나라들의 모든 권세와 영광을 당신에게 주겠소. 내가 받은 것이니 내가 원하는 이에게 주는 것이오. 당신이 내 앞에 경배하면 모두 당신 차지가 될 것이오." (루카 4,5-7)

마귀는 철저히 선과 악의 이분법에 따라 선을 권하기에, 선을 추구하도록 하면서 악을 조장한다. 모든 자연적 현상과 인간의 본성까지를 악한 것으로 보도록 한다. 이 본성은 피할 수 없는 것임을 은근히 확신시키면서 죄를 짓도록 유혹한다. 죄에 대하여 무감각하게 하고 권세와 영광과 쾌락에 빠지게 만든다. 죄를 미워하게 하면서 죄에 빠지게 하는 이 교묘한 마귀는 죄인을 미워하게 하면서 위선에 빠지게 하고 스스로 죄인의 길을 걷게 한다.

인간이 마귀의 유혹을 견디어 냈다 하지만 마귀는 떠나면서도 다음 기회를 또 노린다(루카 4,13).

그러므로 예수님은 우리에게 기도하기를 가르치신다. "우리를 유혹에 빠지지 말게 하소서." 하느님 나라가 오기를 기도하는 자만이, 하느님 나라가 가까이 와 있음을 느끼는 자만이 유혹에서 벗어날 수 있다.

안수

복음서에는 예수님께서 수많은 병자를 고쳐주신 이야기가 나온다. 그중에 마귀 들린 사람도 많이 있다. 마귀는 히브리어로는 사탄(고소인, 괴롭히는 자), 그리스어로는 '디아볼로스'라 하는데, 디아볼로스는 '이간질 시키는 자', '적대자'(1사무 29,4)라는 뜻이다. 마귀 들린 사람에 대한 이야기는 우리 인생이 수없이 많은 이간질과 괴롭힘을 당하는 현실에 처해 있음을 암시한다. 이런 면에서 달라이 라마가 악마를 다음과 같이 정의내린 것은 타당하다. "악마를 저기 저 바깥에 존재하는, 독립적이고 자율적인 힘을 가진 매우 부정적인 존재로 여겨서는 안 된다. …… 악마라는 단어는 우리들 자신의 마음속에 있는 부정적인 성향이나 충동과 더 관계가 깊은 것으로 이해해야 한다." 이간질 하는 자는 인간의 마음 안에 미움과 교만심을 일으켜서 하느님께 대항하게 하며, 인간이 악 가운데 헤매게 한다.

예수님께서 마귀를 쫓아내신 것은 사람들을 이런 세력에서 치유해 주셨음을 의미한다. 그들이 앓는 병은 그들 밖에 실존하는 어떤 마귀가 그들의 몸 안에 들어와 일으킨 것이 아니라 세상의 죄로 말미암은 것이다. 예수님께서 그들에게 명령하시거나(루카 4,31-36) 그들에게 손을 얹어주실 때 병이 나았다(마귀가 나갔다)는 것은 예수님의 말씀과 손길에서 그들이 하느님의 현존을 느꼈다는 것을 의미한다. 사람들은 예수님의 손길에서 하느님의 권위를 느꼈다. "이게 대체 어떤 말씀인가? 저이가 권위와 힘을 가지고 명령하니 더러운 영들도 나가지 않는가?"(루카 4,36) 아프고 병든 몸을 향해 다가가시어 내미는 그분의 손은 지금껏 느끼지 못한 하느님의 사랑을 느끼게 하는 자비의 손이다. 그들은 이 손길을 느끼면서 위로를 받고 일어서게 된다.

안수가 신령한 힘을 가진다면, 우리 가운데 와 있는 하느님의 나라와 그분의 사랑을 느끼게 하기 때문이다. 하느님 나라의 현존을 느낄 때 사람은 건강한 몸으로 일어설 수 있다. 우리 모두는 안수하는 존재로 태어나야 한다. 사람들에게 따뜻한 손길을 보내는 존재로 태어나야 한다.

손을 펴다

예수님께서 안식일에 회당에서 가르치시다가 손이 오그라든 사람을 보시고 "손을 뻗어라" 하시며 손을 고쳐주신다.(루카 6,6-11) 손을 성하게 해주시면서 예수님께서는 트집 잡는 사람들에게 질문을 던지신다. "안식일에 좋은 일을 하는 것이 합당하냐? 남을 해치는 일을 하는 것이 합당하냐? 목숨을 구하는 것이 합당하냐? 죽이는 것이 합당하냐?" 손이 오그라든 사람은 단순히 육체적인 장애인이 아니다. 눈이 있어도 보지 못하고 귀가 있어도 듣지 못하는 장애인이 있듯이 가진 것을 놓지 않으려고 손아귀를 움켜쥐고 펴지 못하는 장애인도 있다. 이런 장애는 인간을 파멸로 이끈다.

주일을 잘 지키고 법규를 잘 지키는 것도 중요하지만 그보다 더 중요한 것은 손을 펴 소유를 내려놓는 행위이다. 가진 것을 내놓고 나누기 위해서는 꽉 쥔 손을 펴야 한다. 그래야 목숨을 구할 수 있다. 안식일은 백만 금을 움켜쥐게 해달라고, 움켜쥔 것을 놓지 않게 해달라고 기도하는 날이 아니라 움켜쥔 손을 펴 소유를 나누게 해달라고 기도하기 위한 날이다. 안식일은 소유에 내 존재가 오그라들어 갇히지 않게 해달라고 기도하기 위하여 있다. 안식일에 신도들의 머리를 향하여 뻗은 사제의 안수하는 손은 우리의 움켜쥔 손을 남을 위하여 펴게 한다. 그것이 축복이다.

* 새 성경이 '뻗다'로 번역한 단어 'ekteinon'을 200주년 성서와 공동번역은 '펴다'로, 개신교 성경은 '내밀다'로 번역하였다.

약

좋은 것은 주님께로부터 오고 나쁜 것은 악마에게서 온다고 생각하기가 쉽다. 그것은 어디까지나 인간들의 생각이다. 성경을 보면 나를 괴롭히고, 내 마음을 부수는 분도 주님이시고, 나의 상처를 낫게 해주시는 분도 주님이시다. 그분은 "아프게 하시지만 상처를 싸매 주시고 때리시지만 손수 치유해 주시는"(욥기 5,18) 분이시다. 주님은 병 주고 약 주시는 분이시다. 빛을 만드신 것도 그분이요 어둠을 지으신 것도 그분이며, 행복을 주시는 것도 그분이요 불행을 조장하시는 것도 그분이시다.(이사 45,7)

하지만 병이요 약인 것은 인간의 눈으로 볼 때 그런 것이지 하느님의 눈에는 그런 구분이 없다. 하느님의 눈에는 모두가 다 약이다. 행이요 불행인 것도 인간의 눈으로 볼 때 그런 것이지 하느님의 눈에는 그런 구분이 없다. 그분은 빛이요 행복 자체이시다.

인간은 빛과 어둠, 행과 불행을 구분하는 눈으로 세상을 바라볼 수도 있고 하느님의 눈으로 세상을 바라볼 수도 있다. 하느님의 눈으로 세상을 보는 것, 그래서 세상 모든 것 안에서 아름다움을 보는 것에 행복의 비밀이 감추어 있다.

3
인간은 행복하다

틈새 1

프랑스의 철학자 레비나스가 들려주는 어릿광대의 이야기. 어릿광대는 무대의 주인공은 아니다. 그는 곡예나 연극이 시작되기 전 또는 그 막간에 온갖 조명을 받는 주연들의 활동과 활동 사이에 틈새를 메워 주는 존재에 불과하다. 그의 어눌한 말과 우스꽝스러운 몸짓은 화려한 무대에 조그만 틈새를 통해 들어오는 바람이다. 그 바람은 무대를 휘몰아치고 조명을 끄고 휘장을 찢을 수 있는 거센 폭풍은 아니다. 하지만 그 틈새를 통한 바람은 세상의 부조리를 익살로 만들며 관중의 마음을 시원하게 해준다.

모두가 주인공이 되어 각광을 받으려고 애쓰는 세상 무대에, 명예와 영광과 인기의 조명을 자기 한 몸에 받으려고 아귀다툼하는 세상 무대에, 아무도 몰라주는 초라한 구유에 누운 아기가 방긋 미소를 보낸다. 아기의 가냘픈 숨소리가 병든 세상으로 새어 들어온다. 틈새를 통해 들어오시는 세상의 빛 구세주.

틈새 2

  생명은 물과 같이 조그만 틈새가 생기면 어김없이 스며든다. 물은 틈새를 스며들며 흐르기에 바위가 나타나면 감돌고 골이 깊어지면 채워가며 바다로 흐른다. 나무의 뿌리도 그렇게 틈새를 비집고 뚫고 뻗으며 바위가 나타나면 휘감아 나무에 땅의 생명을 제공한다. 빛도 그렇게 틈새를 비추고 바람도 그렇게 틈새로 분다.

  틈새로 흐르는 생명을 느끼며 사는 인간은 매사를 억지로 하려고 하지 않고 어떤 사람을 만나도 걱정이나 두려움이 없다. 그에게서 흘러나오는 생명은 막힘이 없이 자연스럽게 모두를 스치며 감싸 안고 흐른다. 그는 물처럼 빛처럼 나무처럼 바람처럼 산다.

  그는 빛이고 물이고 생명이다.

나의 발견

하느님은 우리 인간과는 다른 분이다. "너희는 나를 누구와 비교하겠느냐? 나를 누구와 같다고 하겠느냐?"(이사 40,25) 하지만 하느님은 당신과 전적으로 다른 인간(세상)을 통해 당신의 다름을 드러내신다. 당신의 '다른 존재'를 드러내기 위해 하느님께서는 창조 때 당신과는 전혀 다른 세상을 창조하셨다. 하느님의 모상으로 창조된 인간도 자기와는 전적으로 다른 존재인 남을 통하여 자신을 발견할 수 있다. 남의 발견은 곧 자기의 '나' 발견이다. 하느님께서 "사람이 혼자 있는 것이 좋지 않으니, 그에게 알맞은 협력자를 만들어 주겠다."(창세 2,18) 하시고 아담을 깊이 잠들게 한 다음 아담의 갈빗대를 뽑아 하와를 만드신 것은 아담이 하와를 통하여 자기의 나를 발견하도록 위해서이다. 아담이 자기와는 완전히 다른 하와를 발견하고 "이야말로 내 뼈에서 나온 뼈요 내 살에서 나온 살이로구나." 하고 외친 순간은 남을 발견하는 순간이요 이를 통해 자신을 발견한 희열의 순간이었다.

하느님은 인간과는 완전히 다른 분, 거룩하신 분이다. 하느님을 만나는 사람, 세상을 거룩하게 볼 줄 아는 사람만이 자신이 누군지 안다.

자기 사랑

"네 이웃을 너 자신처럼 사랑해야 한다."(마르 12,31) 예수님의 말씀이다. 자신을 사랑하듯이 그렇게 남을 사랑하라. 자기 자신도 사랑하지 못하면서 남을 사랑한다는 것은 있을 수 없는 일이다. 하지만 남을 사랑하되 자기 자신처럼 사랑하라는 예수님의 말씀을 남을 사랑하기 전에 먼저 자기를 사랑하라는 자기중심적인 말로 해석한다면 예수님을 오해하는 것이다. 자기 자신을 사랑해야 하는 것은 자기 안에 현존하시는 하느님 때문이다. 자기 자신을 사랑하되 하느님의 현존을 느끼지 못하고 자기 자신 속으로 빠져든다면 영원히 남도 사랑하지 못할 것이다.

자기 자신을 사랑하기 위해서는 자기가 남으로부터 사랑받는 존재라는 사실을 깨달아야 한다. 자기의 존재를 남으로부터 발견한 사람만이 자기를 진정으로 사랑할 수 있다. 자기를 사랑하는 사람은 자기 자신이 다른 사람의 자아를 찾게 해주는 남이라는 것을 안다. 남이 내 생의 의미를 찾아주는 존재이듯이 나 또한 그렇게 남에게는 그 사람의 자기를 찾아주는 남이다. 자기를 사랑하는 사람은 남의 인생을 자기 인생처럼 존중하며 있는 그대로 사랑한다. 그리고 남의 인생을 찾아주는 자기 인생을 사랑한다. 자기의 어두운 면까지. 자기의 단점과 약점까지.

나를 사랑하기 위해서는 남이 바로 내가 사랑해야 할 나를 찾아주고 비춰주는 거울임을 알아야 한다. 남과의 만남 없이 나만의 감옥에 갇혀서는 나를 사랑할 수 없다. 자신을 먼저 사랑한다는 구실 아래 남을 사랑하는 일을 미루지 말라. 자기를 만나지 못하면서 자기를 사랑하는 일은 있을 수 없다.

자기를 먼저 사랑하라는 예수님의 말씀은 결코 남 사랑을 자기사랑이 완성될 때까지 미루라는 말씀이 아니다. 남을 사랑하기 위해서는 남을 내 존재 안에 포함시켜야 한다. 남을 발견하지 않고서는 나를 발견할 수 없다. 남을 사랑하지 않고서는 나를 사랑할 수 없다. 남 사랑과 나 사랑이 하나의 사랑이라는 사실을 깨달을 때 나는 비로소 내가 사랑해야 할 나를 발견하고 진실로 나를 사랑할 수 있을 것이다. 이웃에 대한 사랑과 자기 몸에 대한 사랑은 하나의 사랑이다.

자랑

 과학기술이 고도로 발달하면서 인간들은 스스로 자기 삶을 형성할 수 있고 또 형성해야 한다고 생각한다. 모든 것을 조절할 수 있는 능력이 자신에게 주어져 있고, 모든 것이 자신들을 위해 있는 것처럼 행동하기도 한다. 자기의 존재가 타율적임을 도무지 받아들이려고 하지 않으며 스스로 만물의 으뜸이 되려고 한다. "자기가 처음부터 은총을 받은 존재다"라는 것을 잊고 자기에게 주어진 선물을 자랑하기에 바쁘다. 공부 잘하고 돈을 잘 버는 것도, 심지어는 얼굴이 잘난 것까지도 자기의 능력으로 생각하면서 감사는커녕 이를 제 것인 양 우쭐대며 하느님과 다른 사람 앞에 교만해지기도 한다.
 바오로 사도는 코린토에 사는 그리스도교 신도들에게 "그대가 가진 것 가운데에서 받지 않은 것이 어디 있습니까? 모두 받은 것이라면 왜 받지 않은 것인 양 자랑합니까?"(1코린 4,7) 하고 나무라며 자랑할 것 없는 인간 존재를 강조한다. 바오로는 인간이 이미 가지고 있는 것과 자기의 성과에 대해서 자랑하는 것을 "육의 자랑"(1코린 1,29), "인간들 가운데 자랑"(1코린 3,21), "순간적인 세계 안에서의 자랑"(2코린 5,12)으로 여긴다. 그리스도인에게 자랑할 것이 있다면 그것은 오직 "하느님 안에서" 그리고 "그리스도 안에서"(로마 5,2; 1코린 1,31)이며, "하느님의 영광에 대한 희망"(로마 5,2)만을 자랑할 수 있다.

그러기에 바오로는 자신에게 자랑할 것이 있다면 그것은 자신의 약점과 가난뿐이라고 강조한다. "나는 그리스도의 힘이 나에게 머무를 수 있도록 더없이 기쁘게 나의 약점을 자랑하렵니다."(2코린 12,9; 2코린 11,30; 12,5 이하).

힘과 능력을 자랑하는 시대에 약점을 자랑하던 바오로를 이해할 수 있을까?

괴로움

　남 때문에 고통을 당하는 것은 괴로운 일이다. 하지만 나로 인해 고통당하는 남을 바라보는 것은 더한 괴로움을 안겨준다. 내 영혼이 괴롭고 쓰라린 것은 나의 밖에서 나를 못살게 구는 원수 때문만이 아니라, 주님의 법을 따르겠다고 다짐하면서도 매번 그렇게 하지 못하고 남에게 괴로움과 상처를 주는 내 안에 있는 나의 이중성과 연약함 때문이기도 하다. "나의 내적 인간은 하느님의 법을 두고 기뻐합니다."(로마 7,22) 주님의 법이 거룩하고 모든 악과 죄를 피해야 한다는 것은 알지만 욕정으로 행실이 따라주지 않는 것, 그래서 주님의 법을 따르지 못하는 것이 더욱 나를 근원적으로 괴롭히는 것이다.

　이사야는 인간의 약한 마음을 고백하며 그 괴로움을 하느님께 탄원한다. "예로부터 당신 이름은 '우리의 구원자'이십니다. 주님, 어찌하여 저희를 당신의 길에서 벗어나게 하십니까? 어찌하여 저희 마음이 굳어져 당신을 경외할 줄 모르게 만드십니까?"(이사 63,16-17)

　자기 생각대로 자기 좋을 대로 살려다가 남에게 상처 입힌 것을 후회하고, 남의 실패를 자기의 기회인 양 우쭐대던 마음을 괴로워해 본적이 있는 자, "나에게 원의가 있기는 하지만 그 좋은 것을 하지는 못합니다."(로마 7,18) 하고 바오로처럼 자기의 연약함을 솔직히 고백할 수 있는 자는 기도한다. "주님, 당신을 두려워하며 살게 하여 주소서. 당신은 우리의 아버지이십니다." "언제까지 이런 모습으로 살아야 하오리까. 이런 제 몸 제 마음 불쌍히 여기시어 당신의 자비를 내려주소서. 은총을 내려 주소서."

자존심

"나 때문에 너희를 모욕하고 박해하며, 너희를 거슬러 거짓으로 온갖 사악한 말을 하면, 너희는 행복하다! 기뻐하고 즐거워하여라."(마태 5,11-12) 세상을 살아가면서 남으로부터 터무니없는 말로 모욕을 당하고 비난을 받는 것처럼 마음 상하는 일이 또 있을까? 자존심이 상하는 것보다 더 자신을 비참하게 만들고 괴롭히는 일이 또 있을까? 자존심을 내세워 남의 판단에 민감하게 반응을 보이는 것은 어쩌면 당연한 일이다. 하지만 자존심은 자기를 존중하는 마음도 되지만 자기를 자랑하고 뽐내려는 마음일 수도 있다. 이 마음은 주로 열등의식에서 나온다.

열등의식이 강한 사람일수록 자존심에 상처를 입는다. 그런 자일수록 남의 흉과 잘못을 들추어내어 비판하기 좋아하고 자신의 흠이 비판받으면 상처를 받는다. 자존심이 상한다고 하지만 그 삶의 중심에는 그 누구도 뚫을 수 없는 자기중심적인 자만심이 굳게 자리하고 있다. 예수님도 하느님도 감히 뚫고 들어올 수 없는 자만의 갑옷을 입고 살아가는 것이다.

예수님께서 말씀하신다. "나 때문에 너희를 모욕하고 박해하며, 너희를 거슬러 거짓으로 온갖 사악한 말을 하면, 너희는 행복하다!" 이로써 예수님은 우리에게 은근히 질문하신다. 나 때문에 자존심이 상해본 적이 있는가? 나 때문에 모욕을 당하고 나 때문에 비난받고 나 때문에 박해를 받은 적이 있는가? 그분은 자존심에서 완전히 무장 해제된 분이시기에, 어떤 모욕도 어떤 비난도 상하게 할 수 없는 분이시기에, 때리면 맞고 수염을 뽑으면 뽑히는 어린 양처럼 묵묵히 당하기만 하신 분이시기에, 자존심이 상해 본 적이 없으신 분이시기에 그런 말씀을 하실 수 있었다. 예수님을 믿고 따른다고 하지만 자존심 때문에 예수님도 자리할 곳 없는 그런 마음으로 살아가고 있는 것은 아닌가?

예수님 때문에 내가 모욕을 당하는 날, 예수님 때문에 내가 박해받고 예수님 때문에 내가 비난받는 날, 예수님 때문에 내 자존심이 무너져 내리는 날, 나는 내 자존심으로 찾지 못한 행복을 발견하게 될 것이다. 삶이 무엇인지 느끼게 될 것이다. 즐겁게 인생을 살 수 있을 것이다. 천국을 살 수 있을 것이다.

"그리스도인으로서 고난을 겪으면 부끄러워하지 말고, 오히려 그 이름으로 하느님을 찬양하십시오."(1 베드 4,16)

"여러분은 그리스도를 위하는 특권을, 곧 그리스도를 믿을 뿐만 아니라 그분을 위하여 고난까지 겪는 특권을 받았습니다."(필리 1,29)

용서의 포기

포기처럼 어려운 것도 없다. 어떤 이에게는 재물(부동산)과 명예와 권력을 포기하는 것은 인간으로 살기를 포기하는 것이나 다름없다. 예수님께서는 그런 것들을 포기할 수 있을 때 인간은 비로소 인간적으로 살 수 있다고 말씀하신다. 용서하고 화해하고 사랑하기 위해 인간은 용서와 화해와 사랑하려는 마음을 포기할 수 있어야 한다. 자기 힘으로 용서하고 화해하려다가 용서와 화해는커녕 위선의 인간이 되고, 자기 힘으로 사랑하려다가 미움에 사로잡힌 자기 모습에 실망하기도 한다. 용서하고 화해하고 사랑하려는 의지를 포기할 때 인간은 비로소 용서의 인간, 화해의 인간, 사랑의 인간이 될 수 있다. 용서하려 하기보다 남이 나에게서 용서를 느끼게 하고, 화해하려 하기보다 남이 나에게서 화해를 느끼게 하고, 사랑하려 애쓰기보다 남이 나에게서 사랑을 느끼게 하라.

예수님께서 일곱 번 용서하면 되겠는가 묻는 베드로에게 일흔 일곱 번이라도 용서하라고 하신다면, (일곱 번씩 일흔 번으로 번역할 수도 있다) 용서하고 또 용서하고 무한정 용서하라는 말씀이라기보다 인간에게는 일흔일곱 번까지 세어가며 용서를 할 인내력도 없거니와 아예 그런 능력도 없음을 아시기에 셈하는 마음을 포기하라고 이르는 말씀이다. 횟수를 세어가며 용서하려는 마음을 포기할 때 인간은 용서의 인간으로 태어날 수 있을 것이다. 그리고 자비의 인간으로 거듭날 수 있을 것이다.

하느님에게는 셈이 없다. 하느님에게는 "나는 너를 한 번 용서했다, 두 번 용서했다."거나 "나는 너를 골백번 용서했다. 아니 영원히 용서한다."는 식의 셈이 없다. 그러기에 그분은 자비롭다. 어미는 자궁의 생명에게 이것저것 재고 따지며 사랑하지 않는다. 어미가 뱃속의 아기에게 가지는 원초적인 느낌, 그것이 자비이다.

예수님께서 말씀하신다. "너희 아버지께서 자비하신 것처럼 너희도 자비로운 사람이 되어라."(루카 6,36) 예수님은 인간에게 불가능한 것을 요구하시지 않는다. 인간은 이웃에게 하느님의 자비를 느끼게 하는 위대한 존재이다. 남이 내게서 자비를 느끼도록 하라. 내 몸에서 하느님의 자비가 풍겨나게 하라. 용서하고 화해하고 사랑하려는 나의 힘을 포기할 때 가능할 것이다.

소유할 수 없는 사랑

사랑은 인생을 완성시켜 주고 인간이 인간 되게 하는 주요 덕목이다. 사랑은 상대를 소유하려 하지 않는다. 상대를 소유하려는 순간 사랑은 그 순수성을 잃게 된다. 소유에서 초연해질 때 사랑은 진실하고 영원하다.

주님께서 사탄에게 욥을 흠 없고 올곧으며 하느님을 경외하고 악을 멀리하는 사람으로 칭찬하자(욥 1,8) 사탄은 욥이 하느님께 신뢰를 보이고 하느님을 사랑하는 것은 하느님이 주신 소유 때문이라고 반박한다. "당신께서 몸소 그와 그의 집과 그의 모든 소유를 사방으로 울타리 쳐 주지 않으셨습니까? 그의 손이 하는 일에 복을 내리셔서, 그의 재산이 땅 위에 넘쳐 나지 않습니까?" 그렇지만 당신께서 손을 펴시어 그의 모든 소유를 쳐 보십시오. 그는 틀림없이 당신을 눈앞에서 저주할 것입니다.(욥 1,9-11) 주님은 욥의 소유를 사탄의 손에 넘기신다. 사탄은 무자비하게 욥의 소유를 앗아간다. 재물뿐 아니라 자식과 명예도 앗아간다. 욥을 완전 무소유의 인간으로 만든다. 그런데 하느님을 원망하고 저주할 줄 알았던 욥이 일어나 겉옷을 찢고 머리를 깎는다. 온갖 소유를 자기 몸에서 벗겨버린 것이다. 그러고는 땅에 엎드려 입을 열었다. "알몸으로 어머니 배에서 나온 이 몸 알몸으로 그리 돌아가리라. 주님께서 주셨다가 주님께서 가져가시니 주님의 이름은 찬미받으소서."

(욥 1,21) 무소유를 찬미할 수 있는 곳, 일체 소유를 비운 곳, 그 곳에서 모든 것을 완성시키는 사랑이 이루어진다. 욥은 하느님을 사랑하였다. 그 사랑으로 그는 하느님이 내신 세상을 사랑하였다.

예수님은 복음을 선포하시면서 소유의 포기를 강조하셨다. 열두 제자에게 하느님의 나라의 복음을 선포하고 병자들을 고쳐 주라고 하시면서 소유의 포기를 강조하셨다. "길을 떠날 때에 아무 것도 가져가지 마라. 지팡이도 여행 보따리도 빵도 돈도 여벌 옷도 지니지 마라"(루카 9,3)

자기를 지탱해주는 지팡이도, 먹여 살릴 식량자루나 빵도, 돈도, 자기를 보호하고 명예를 지켜줄 옷가지도 소유에서 제외시켜야 한다. 뿐만 아니라 언제든지 집도 마을도 사람도 떠날 준비를 하여야 한다. 그때라야 비로소 마귀를 제어하고, 남의 병을 고쳐 주고, 남에게 평화를 빌 수 있을 것이다. 포기하지 못하는 마음과 소유하려는 마음으로는 남을 환영할 수도 없고 평화를 빌 수도 없다. 기쁜 소식을 전할 수 없다. 사랑할 수 없다. 사랑은 소유할 수 있는 것이 아니다. 모든 소유에서 자유로운 자만이 진정 사랑할 수 있다.

사랑

젊은 연인들은 너와 나 사이에 있는 벽을 허문 상태에서 사랑을 찾고자 하지만 사실은 벽이 있기에 너와 나 사이에 사랑의 일치가 가능하다. 그 벽이 무너져 내가 네가 되고 네가 내가 되고, 내 것이 네 것이 되고 네 것이 내 것이 되는 날에는 사랑의 신비도 무너진다. 너와 나 사이에 무너뜨릴 수 없는 신비스런 벽이 있기에 너와 나는 영원한 타자로 머물면서 서로에게 신비로운 존재가 되어 부끄럼 없이 다가가 하나가 될 수 있다.

네가 나에게 내가 너에게 더 이상 신비스런 존재가 아니게 되는 날 부끄럼이 사라지며 너와 나 사이에 하나 되는 사랑은 사라지고 만다. 하느님은 인간에게 부끄러운 듯 얼굴을 가리며 낯선 존재로 다가오신다. 하느님은 사랑이시다. 사랑은 신비롭다.

거리 距離

사랑하는 사람들이 함께 있지 못하고 떨어져 있다면 안타까운 일이다. 그러나 그들을 안타깝게 하는 공간적 거리는 내면으로부터 그들을 더욱 견고히 묶어주는 신비스런 힘이 된다. 하느님께서 사랑이신 것은 하느님 안에 삼위가 일정한 거리를 유지하고 있기 때문이다. 하느님은 삼위로서 한 분이시다. 그러기에 사랑이시다. 하느님께서 인간에게 사랑이신 것은 그분은 하늘에 계시기 때문이다. 하늘에 계신 아버지의 사랑을 인간은 땅에서 느낀다. 하늘과 땅의 거리는 하느님과 인간을 갈라놓는 것이 아니라 그분의 사랑을 더욱 가까이서 느끼게 한다. 하느님의 사랑은 하늘만큼의 거리를 두고 땅에서 이루어진다.

하느님은 그런 식으로 아담과 하와를 사랑의 존재로 창조하셨다. 서로가 거리를 두고 서로 안에서 서로를 사랑하게 해주셨다. 아담 안에 하와를 하와 안에 아담을 품으며 서로를 사랑하게 해주셨다. 서로를 사랑한다는 것은 '내'가 '너'가 아니기에 가능하고, '나'와 '너' 사이에 서로를 존중하는 거리가 있기에 가능하다. 사랑은 하늘만큼의 거리를 둘 때, 서로를 하느님처럼 가까이서 느끼며 서로의 마음속 깊은 곳으로 스며든다. 진정 사랑하기를 원하는가? 하늘처럼 '가까운 멂'을 몸으로 익혀라. 사랑의 비극은 거리를 없애며 가까움을 추구하는 데서 비롯된다.

창세기는 아담과 하와가 사과를 따먹은 것을 하느님과 같아지려는 유혹에 넘어갔기 때문이라고 묘사한다. 하느님과 같아지려고 하였다는 것은 지켜야 할 하느님과의 거리를 유지하지 못하였다는 것이다. 인간이 하느님처럼 말하고 하느님처럼 행동하기 위해서는 오직 하느님과의 거리를 인정함으로써만 가능하다. 삼위일체 하느님처럼. 그리고 하느님의 아들 예수님처럼.

예수님은 하느님이면서 그 하느님은 아니었고, 인간이 되어 오셨지만 그 인간과는 다르셨다.

하느님과 인간, 인간과 인간의 거리는 서로의 다름을 나타내기 위한 것이 아니라 가까워지고, 만나고, 하나 되기 위한 것이다. 그것은 존중과 존경과 사랑을 더욱 실현시킬 수 있는 믿음과 희망의 거리이다. 예수님께서 사랑이신 것은 당신의 한 위격 안에 신성과 인성을 지니셨기 때문이다. 하나로 묶어주는 이 거리는 사랑이다. 무릇 폭력이란 이 거리를 없애려는 데서 나온다.

떠나다

"내가 떠나는 것이 너희에게 유익하다." 예수님께서 세상을 떠나실 즈음 하신 말씀이다. 떠남은 이별이다. 보이지 않게 멀어지는 것이다. 제자들은 스승으로부터 이별이라는 말을 듣고 슬퍼하지만 예수님께서는 이별이 유익하다고 하신다. 영원한 이별이 어째서 제자들에게 유익한 것일까?

예수님의 떠남은 여행을 떠나듯 그렇게 떠나는 것이 아니라 죽음을 향하여 떠나는 것이다. 그분에게 죽음은 남을 위하여 목숨을 내놓는 것이다. 그분의 떠남은 당신의 제자들을 위하여, 그들의 유익을 위하여 당신 자신을 내놓는 것이다. 떠남을 준비하면서 그분은 당신이 진정 그들을 위해 당신이 목숨을 내놓았다는 것을 깨닫기 바라신다.

그러나 그들은 아직 깨달을 준비가 되어 있지 않다. 아직 남을 위하여 목숨을 내놓을 준비가 안 되어 있다. 언제 그들은 떠날 수 있을까? 언제 그들은 남을 위하여 자기의 목숨을 내놓을 수 있을까?

예수님은 성령께서 이 일을 하실 것이라고 말씀하신다. 성령으로 인해 다시 태어나는 날, 그들은 스승의 죽음과 부활을 기억하며 그분께서 너무나 그들 가까이 계시고 싶어 하셨음을 깨닫게 될 것이다. 떠나겠다는 말씀이 그들과 가까이 계시고자 한 마음이었다는 것을, 몸을 바친 사랑이었다는 것을 깨닫게 될 것이다. 그분은 사랑을 남기고 떠나셨다. 지금은 알지 못하지만 진리의 성령이 오시면 떠남이 곧 가까움이었다는 것을 깨닫게 될 것이다.

완성

우리에게 법은 지키는 것이다. 십계명은 지켜야 할 법이다. 지키지 않으면 찜찜할 뿐 아니라 죄의식까지 느끼게 된다. 주일날 미사에 가는 것도 때론 법을 지키기 위해서이다. 어떤 마음으로 미사에 가든 주일미사를 참여하는 것은 법이므로 지켜야 마음이 홀가분하다. 한 분 하느님을 흠숭하는 것도, 하느님의 이름을 함부로 부르지 않는 것도, 부모에게 효도하는 것도 '지키기' 위한 법으로 존재한다. 법의 내용이나 정신은 부수적이다. 살인하지 말라는 계명을 지키기 위해서 사람을 죽이지 않으면 그만이다.

하지만 인간은 사람을 죽이지는 않았다 하더라도 마음으로는 얼마든지 성을 내며 사람을 해치고 죽일 수 있다. 간음하지 말라는 계명을 지켜도 마음으로는 얼마든지 간음할 수 있다. 안식일을 지켜도 하느님의 눈 밖에 나는 삶을 살 수 있다. 예수님께서는 그런 '지킴'을 탓하신다. "율법에 따른 행위에 의지하는 자들은 다 저주 아래 있습니다."(갈라 3,10) 그분은 지킴이 아니라 완성을 원하신다. 그분은 율법을 완성하기 위해 오셨다. "내가 율법이나 예언서들을 폐지하러 온 줄로 생각하지 마라. 폐지하러 온 것이 아니라 오히려 완성하러 왔다. 내가 진실로 너희에게 말한다. 하늘과 땅이 없어지기 전에는, 모든 것이 이루어질 때까지 율법에서 한 자 한 획도 없어지지 않을 것이다."(마태 5,17-18) 율법은 지키기 위해 있는 것이 아니라 완성을 위해 있다. 이루기 위해 있다.

주일에 빠지지 않고 미사에 가는 것만으로 충분하지 않다. 우리는 주일을 완성해야 한다. 안식일을 완성해야 한다. 쉼을 완성해야 한다. 미워하지 않는 것으로 충분하지 않다. 사랑을 완성해야 한다. 용서를 완성해야 한다. 화해를 완성해야 한다. 그렇게 우리는 하느님 공경을 완성해야 한다. 완성은 그리스도에 대한 믿음을 통해서 이루어진다. "사람은 율법에 따른 행위가 아니라 예수 그리스도에 대한 믿음으로 의롭게 된다는 사실을 우리는 알고 있습니다."(갈라 2,16) 죄인들의 손에 넘겨져 십자가에 못 박히셨다가 사흘 만에 다시 살아나신 그리스도 예수님에 대한 믿음을 통해서.(루카 24,46)

회심

회심은 구별하고 차별하는 자기중심적인 삶의 습관을 버리고 선과 악, 성(聖)과 속(俗)을 구별하지 않고 모두에게 햇빛과 비를 내려주시는 하느님의 품으로 돌아서는 것을 말한다. 예수님께서 설파하신 원수 사랑은 단순히 미운 사람을 사랑하겠다는 도덕적 의지를 넘어 이웃과 원수, 좋아하는 사람과 싫은 사람을 구별 짓는 마음에서 돌아서고, 시시비비를 가리고 사랑과 미움을 이원화 하는 마음으로부터 돌아서는 회심에서만 근원적으로 가능하다. 회심한 사람만이 한쪽 뺨을 치거든 다른 쪽 뺨을 돌려 대어줄 수 있고, 회심한 사람만이 미워하는 사람에게 잘 해주고, 자기를 저주하고 박해하는 사람을 위해서 기도할 수 있다.

살다 보면 좋은 사람과 싫은 사람, 사랑하는 사람과 미운 사람이 생긴다. 미운 사람은 거리를 두고 좋은 사람은 가까이 하려는 습성은 인지상정이다. 하느님의 창조물인 사물(인간)은 본래 그 자체로 좋은 것이어서(하느님께서 보시니 좋았다) '좋다' '나쁘다' 내가 단정하여 말할 수 있는 것이 아니고, 내가 좋다고 해서 그것이(그 사람이) 좋은 것이 되고 나쁘다고 해서 나쁜 것(사람)이 되는 것이 아니다. 그런데도 불구하고 인간은 자기 마음에 맞으면 '좋다' 하고, 맞지 않으면 '나쁘다' 말하며, 그에 따라 어떤 것은 좋아하고 어떤 것은 싫어한다. 그리고 자기가 좋아하는 것을 남도 좋아하고, 자기가 싫어하는 것을 남도 싫어하도록 강요한다.

회심(회개)이란 이런 시비와 '싫다' '좋다'를 따지는 마음을 떠나 원래의 하느님의 좋음에로 향하는 것이다. 자기에게 싫은 것, 미운 것에까지 마음을 줌으로써 가능하다. 아버지 집에 다시 돌아왔다 해도, 늘 아버지 집에 있었다 해도 이것저것 가리는 얼룩진 마음을 씻지 아니했다면 회심한 것이 아니다. 하느님께 회개한 자는 잃어버린 사물(사람)에로 마음을 향한다. 이 향함은 곧 찾아나서는 마음이다. 사랑하고 좋아하고, 싫어하고 미워하는 마음을 그 자리에 두고 그를 찾아서 다가가는 마음이다. 등불을 켜고 집안을 샅샅이 뒤지며 찾아 나서는 마음이다. 회개는 잃어버린 사람에게 내면으로 접근하여 그의 마음 안에 계시는 하느님께 접근하는 것이다.

회개한 사람은 잃어버린 것을 찾으면 그 기쁨에 친구들과 이웃을 불러 "자, 같이 기뻐해 주십시오. 잃었던 양을 찾았습니다" 하며 좋아한다.(루카 15,6 공동번역) 하늘에서도 우리의 회개를 더 없이 기뻐할 것이다.(루카 15,7 공동번역) 하느님의 천사들도 우리의 회개를 기뻐할 것이다.(루카 15,10 공동번역)

비교

　예수님께서 자기만 옳은 줄 믿고 남을 업신여기는 사람들에게 비유로 말씀하셨다. 두 사람이 기도하러 성전에 올라갔는데 하나는 바리사이였고 다른 하나는 세리였다. 바리사이는 자기가 다른 사람들과는 달리 욕심이 많거나 정직하지 않거나 음탕하지 않을 뿐 아니라 세리와 같은 사람이 아니라는 점을 들어 하느님께 감사하였다. 자기의 우월함을 강조하며 감사 기도를 드린 것이다. 이에 반해 세리는 자기의 부족함을 인정하며 죄 많은 자기를 자비로 대해주시기를 기도했다. 너무 죄스러워 감사도 할 수 없었다. 예수님께서 질문하신다. 하느님께서 누구의 기도를 들어주셨겠는가?

　이 비유는 기도하는 인간의 자세가 어떠해야 하는가를 말해준다. 우리는 저 바리사이처럼 기도해서는 안 된다. 그런데 문제는 우리가 저 바리사이와 별 다르지 않다는 데에 있다. 저 바리사이처럼 대놓고 나는 저 세리와 다르다고 말하지는 않는다 해도, 나는 저 바리사이와 같은 사람이 아니라고 생각함으로써 바리사이가 범한 오류를 똑같이 범하고 만다. 바리사이와 같은 사람이 되지 않기 위해서는 상대가 세리든 바리사이든 자기를 남과 비교하지 말아야 한다. 세리는 그 누구하고도 자기를 비교하지 않았다. 그저 하느님 앞에서 "저는 죄인입니다." 하고 고백했을 뿐이다.

이 세상에 살아가는 인간은 모두가 다르다. 우리는 다름을 조화와 일치의 근본으로 삼아야 한다. 각각의 다른 악기가 조화로서 하나의 아름다운 교향곡을 연주해내는 것과 같다. 바리사이는 자기가 남과 다름을 강조하면서 자기를 높이고 그 기준으로 남을 업신여기고 멸시하였다. 그리고 자기가 남과 다른 것을 하느님께 감사하였다. 하느님께서는 다름의 기도를 멀리하셨다.

과거 1

인간은 과거를 안고 세상을 살아간다. 사도 바오로는 그리스도교의 씨를 말리고자 한 사람으로 그 누구에게도 고백하기 부끄러운 과거를 안고 있다. 그러나 그에게 과거는 기억에서 지워버려야 할 시간만은 아니었다. 부끄러운 과거이지만 감사하는 삶을 제공하는 은총의 시간, 새 삶을 열어주는 디딤돌이기도 했다. 그 시간이 없었다면 주님께서 베풀어주신 자비와 은총과 영원한 생명은 영원히 체험할 수 없었을 것이다.

과거를 없었던 것으로 치는 것은 주님께서 늘 자기를 눈여겨보셨던 과거의 시간을 잊는 것이며, 현재를 또한 언젠가는 잊어야 할 과거로 만드는 것이나 다름없다. 매순간 작용하시는 주님의 자비와 은총과 사랑을 맛볼 기회를 지워버리는 것이다. "영원한 임금이시며 불사불멸하시고 눈에 보이지 않으시며 한 분 뿐이신 하느님께 영예와 영광"(1티모 1,17)도 드리며 산다는 것은 상상도 하지 못할 것이다.

그리스도교는 과거를 망각하게 하는 종교가 아니라, 과거를 상기시키면서 죄스런 상황 속에서도 주님께서 늘 함께 활동하고 계신다는 것을 깨닫게 해주는 종교이다. 매일 미사를 드리는 것도 주님의 아픈 과거를 기억하기 위해서이다.

과거 2

루카복음 15장에 나오는 잃어버린 양, 잃어버린 동전, 잃어버린 아들에 대한 비유에 공통으로 나오는 단어가 있다. 기쁨! 잃은 것을 찾은 기쁨! 오랜 방탕 끝에 재산을 다 탕진하고 돌아온 작은아들을 위해 향연을 베푼 아버지가 큰아들에게 말한다. 잃었던 아들을 찾았는데 어찌 기뻐하지 않을 수 있겠는가? "하늘과 아버지께 죄를 지었습니다. 아버지의 아들이라고 불릴 자격이 없습니다." 하고 잘못을 고백하려 하였지만 아버지는 그 고백을 듣기 전에 먼저 아들에게 달려가 그의 목을 껴안고 입을 맞추고는 좋은 옷을 입히고 잔치를 베풀었다.(루카 15,11-32) 진정한 기쁨은 과거를 묻지 않고 상대를 받아들이는 자비로운 마음에서 솟구친다. 과거의 죄를 묻는 마음으로는 기쁨을 나눌 수 없다. 기쁘게 인생을 살고 싶은가? 예수님의 다음 말씀을 마음에 새기도록 하라. "너희 아버지께서 자비하신 것처럼 너희도 자비로운 사람이 되어라."(루카 6,36) 과거를 묻지 않는 아버지의 마음이 아들에게 과거를 은총의 시간으로 받아들이게 한다.

그때

나는 어렸을 때 몇 달 동안 매일 시를 쓴 적이 있다. 푸른 하늘에 흰 구름이 둥실 흘러가는 것을 보고 얼른 방으로 들어와 200자 원고지에 한 편의 시를 적었고, 밤하늘의 수많은 별을 바라보며 생각이 떠오르면 몇 번씩이나 방안을 드나들며 시를 썼다. 그렇게 나는 원고지가 시로 메워지고 장수가 늘어나는 것을 즐겼다. 때로는 위대한 작가들이 어렸을 때 썼다는 시와 내 시를 비교해보기도 했다. 전기를 보면 대부분의 위인들은 보통 사람으로는 어른이 되어서도 생각 못할 일들을 어렸을 때 생각해내었고 보통 사람으로서는 쓰지 못할 훌륭한 시를 어렸을 때 남겼다. 그런 그들을 부러운 눈으로 바라보면서 나는 부끄러워 남 앞에 내놓지 못한 나의 유치한 시도 어른이 되면 훌륭한 시로 변하지 않을까 하는 생각으로 매일 시를 썼다. 다른 사람들이 볼세라 서랍 속에 공책을 감추어 두고 몰래 시를 썼다.

오랜 시간이 흐른 지금 그 시들은 다 사라지고 내 손에 남은 것은 하나도 없다. 그런데 그때 내가 쓴 시가 보고 싶다. 시를 쓰던 그때의 나의 마음을 느끼고 싶다. 푸른 하늘을 바라보고 흰 구름을 올려다보던 마음, 나뭇잎 떨어지는 소리를 듣고 얼른 방으로 들어가던 마음, 밤하늘의 별을 세던 마음을 만나고 싶다. 그때의 별을 보고 싶다. 그때의 그 하늘과 그 밤, 그때 나뭇잎 사이로 불던 바람을 느끼고 싶다. 그때의 그 언어를 듣고 싶다.

하느님을 느낌

예수님은 신학자들처럼 하느님의 존재를 증명하려 하지 않으셨다. 하느님이 사랑이라는 것을 학설을 내세워 설명하려고 하지도 않으셨다. 그분은 당신의 몸으로 사람들에게 하느님을 느끼게 해 주셨다. 사람들은 그분을 만지며 하느님을 느꼈고, 그렇게 또 그분을 느끼려고 하였다. 입으로 하느님 이야기를 하는 바리사이들은 그분에게서 하느님을 느끼지 못하였다. 오히려 그들은 예수님이 하느님을 모독한다고 주장하였다. 그런 그들에게 예수님은 창녀나 세리가 그들보다 더 하느님을 느끼게 한다고 선포하셨다.

우리는 "하느님은 계신다, 하느님은 사랑이시다." 하며 하느님에 대해서 설명하는 버릇이 있지만 하느님은 우리가 설명하는 대로 존재하지 않으신다. 또 그런 식으로 세상을 사랑하지도 않으신다. 내가 아무리 하느님은 계시며 그분은 사랑이시고, 야훼이시며 삼위일체이시라고 잘 설명한다고 한들, 예수님은 그리스도이시고 사람의 아들이며 하느님의 아들이시라고 사람들이 알아듣게 잘 설명한다고 한들, 내 몸으로 하느님을 드러내고 그리스도를 표현하지 못한다면, 남이 나에게서 하느님과 그리스도를 느끼지 못한다면 나의 설명이 무슨 소용이 있겠는가. 전능하시고 하나이시며 삼위일체이신 하느님을 내가 아무리 그럴 듯하게 설명한다 해도 사람들이 내게서 그 하느님을 느낄 수 없다면 아무 소용이 없다. 그런데 우리는 자신도 모르는 사이 설명 잘 하는 신학자가 되어 계속 하느님에 대한 이론을 늘어놓는다. 하느님은 우리의 수다스런 설명 속에 갇히어 차가운 이론이 되어 버린다. 그 하느님이 사랑이면 어떻고 한 분이면 어떻고 삼위일체면 어떻단 말인가? 하느님(그리스도)은 나에게 당신을 느끼게 하시는데, 내가 하느님(그리스도)을 남에게 느끼게 하지 못한다면 하느님과 그리스도에 대한 나의 믿음이 무슨 소용이란 말인가? 내 몸으로 하느님을 느끼도록 하라.

감사

예수님께서 빵 다섯 개와 물고기 두 마리로 수천 명을 먹이신 이야기는 유명하다.(마르 6,34-44) 예수님께서 행하신 이 엄청난 기적을 이해하기 위해 당신이 지금 그 군중 속에 있다고 상상해 보라. 당신은 지금 예수님의 말씀을 듣기 위하여 하루 종일 그분을 따라 다녔다. 온종일 굶어 배도 고프고 갈증도 나고 지칠 대로 지쳤다. 육신만이 아니라 영적으로도 허기지고 지쳤다. 그런데 그분 앞에 있는 것은 겨우 빵 다섯 개와 물고기 두 마리뿐이다. 모두가 먹기엔 턱없이 적은 양이다. 여간 실망스럽지 않다. 제자들은 우리를 마을로 보내어 각자 먹을 것을 해결하도록 하자고 예수님께 간한다. 우리를 위하는 척하면서 모든 것을 편하게 해결하려는 그들의 태도가 은근히 얄밉다. 그런데 예수님께서는 태연하게 우리들에게 모두 풀밭에 앉으라고 하신다. 그리곤 고작 빵 다섯 개와 물고기 두 마리를 손에 드시고 하늘을 우러러 감사의 기도를 드리신 다음 제자들을 시켜 그것을 나눠주게 하신다.

그런데 놀라운 일이 일어났다. 우리 모두가 배불리 먹었는데도 남은 것이 열두 광주리나 가득 찼다. 이런 상황에서 우리 머리에 가장 먼저 떠오른 것은 무엇인가? 굶주린 배를 채운 포만감인가? 눈앞에 일어난 기적의 놀라움인가? 기적을 일으키는 그분의 능력인가? 그분이 그 기적을 통해 우리에게 보이고자 하신 것은 무엇일까? 우리들로부터 인정받는 것이었을까? 우리가 배불리 먹고 만족하거나 당신의 기적을 보며 놀라는 모습이었을까?

우리에게 빵을 주시는 그분의 모습을 마르코는 이렇게 쓴다. "하늘을 우러러 감사의 기도를 드리신 다음 빵을 떼어 제자들에게 주시며……" 그분은 우리가 빵을 쪼개는 당신의 모습에서 하느님께 감사하는 마음을 보기를 원하지 않으셨을까? 우리도 매사에 감사하는 마음을 발하며 살기를 원하지 않으셨을까? 변화되는 우리의 모습을 보고 싶어 하지 않으셨을까? 어떤 상황에서도 감사하라. 네 몸을 쪼개면서 감사하라. 하느님은 빵 다섯 개와 물고기 두 마리로도 너희를 먹일 수 있다. 그렇게 말씀하시면서 감사하는 마음을 우리에게 심어주고자 그런 기적을 행하신 것이 아닐까? 그러나 제자들은 아직도 그분의 그 마음을 모른다. 우리는 아는가?

요한은 "내가 말하는 사랑은 하느님에 대한 우리의 사랑이 아니라 우리에게 대한 하느님의 사랑입니다"라고 쓴다. 우리는 "널 사랑해"라는 말에 익숙해 있다. 그러기에 "날 사랑해?"라고 묻는 데도 익숙하다. 요한은 우리의 그런 사랑과는 '다른' 사랑에 대해서 이야기한다. '우리에 대한 하느님의 사랑'이다. 주님은 빵 다섯 개와 물고기 두 마리로 일으킨 기적을 통해 그런 사랑을 우리에게 느끼게 해 주신다. 그런데 이야기하기 좋아하는 우리들은 거기 일어난 일에서 하느님의 사랑을 느끼기보다, 감사하는 마음을 발하기보다, 기적에 대해서만 이야기한다.

치유 2

예수님께서는 수많은 병자를 치유하셨다. 소경이 보게 하고 귀머거리가 듣게 하고 벙어리가 말하게 하고 절름발이가 걷게 하고 앉은뱅이가 일어서게 하고 나병을 고쳐주고 죽은 자를 살리셨다.(루카 4장) 예수님께서 일으키신 치유는 외적으로 육체에만 일어난 일이 아니라 영적으로도 일어났다. 육신의 병에서 치유된 자들에게 내적인 변화도 일어났다. 내적인 변화가 일어난 자에게 치유가 일어났다. 내적인 변화가 일어났다는 것은 하느님을 보고 듣는 일이 일어났다는 것이다. 예수님을 보게 됨으로써 보게 되고, 예수님을 듣게 됨으로써 듣게 되는 일이 일어난 것이다. 걷는다는 것은 예수님을 향하여, 예수님이 걸어가는 곳을 향하여 걷는 것이다. 치유된 사람은 그렇게 하느님을 향하여 일어서게 된다. 예수님은 당신을 찾아온 병자에게 먼저 이런 내적인 치유를 일으키신다. 외적인 껍데기 육체의 병이 낫는 것을 넘어, 보아도 보지 못하던 눈, 들어도 듣지 못하던 귀, 무슨 말을 하는지 모르고 지껄이는 입, 상처를 주던 교만한 마음을 치유하여 주시는 것이다.

예수님에 의하면 외적으로 보게 되었다 하더라도 영적으로 눈이 멀다면 아직 소경이나 마찬가지이다. 아무리 걸어 다닌다 해도 내적으로 걷지 못한다면 그것은 걷지 못하는 것이다. 내적인 치유가 일어나지 않는 치유는 우리를 더욱 보지 못하고 듣지 못하고 걷지 못하고 일어서지 못하는 불구로 만드는 것이다. 이제 귀머거리가 듣는다면 들려오는 소리만을 듣는 것이 아니라 하느님의 소리를 듣고, 벙어리가 말한다면 "에파타!(열려라)"하시는 예수님의 마음으로 말하는 것이다. 이 소리를 듣지 못한다면 그는 들어도 여전히 귀머거리이다. 그 마음으로 말하지 못한다면 그는 말해도 여전히 벙어리이다. 그분은 우리에게 마음의 귀, 마음의 눈, 마음의 입을 열어주신다.

그분께서 악마를 쫓아내셨다는 것은 우리로 하여금 영적으로 보고 듣고, 영적으로 걷는 것을 방해하는 악마를 몰아내는 것이다. 그리하여 바로 보고 바로 듣고 바로 걷게 하신다.

주님, 보게 하여 주십시오. 세상을 바라보며 당신을 보게 하여 주십시오. 당신을 통하여 세상을 바라보게 하여 주십시오. 주님 듣게 하여 주십시오. 새소리 물소리를 들으며 당신을 듣게 하여 주십시오. 나를 헐뜯는 소리에서 당신의 음성을 듣게 하여 주십시오. 주님, 제 입술을 열어 주소서. 당신을 찬미하게 하여 주십시오. 주님, 걷게 하여 주십시오. 당신을 향하여 걷게 하여 주십시오. 그렇게 당신을 향하여 일어서게 하여 주십시오.

눈(보다)

 모든 것 안에 숨어 계시는 보이지 않는 하느님을 체험하기 위해서는 보이는 모든 것의 표피를 뚫고 그 핵심까지 들어갈 수 있어야 한다. 사물의 핵심에서 작용하시는 하느님의 마음을 읽을 수 있을 때 사물(인간)을 있는 그대로 본다고 할 수 있다. 사물을 있는 그대로 본다는 것은 그 핵심에서 하느님을 만나는 것이다.
 사물의 핵심을 들여다보지 못하는 눈은 끊임없이 분열과 증오를 일으키며 인간을 천박하고 추한 존재로 만든다. 그런 눈을 가지고서는 평온하게 세상을 바라볼 수 없으며 만나는 사람을 진심으로 대할 수 없다. 예수님께서 말씀하신다. "눈은 마음의 등불이다." 또 "눈이 너를 죄짓게 하거든 그것을 빼 던져 버려라. 두 눈을 가지고 불타는 지옥에 던져지는 것보다, 한 눈으로 생명에 들어가는 편이 낫다."(마태 18,9).

보다

예수님께서 갈릴래아 호수 건너편으로 가셨을 때 많은 군중이 그분을 따라갔다. 예수님께서 그들을 보신다. 예수님은 그들을 보시며 무엇을 보셨을까? 마르코는 예수님께서 배고픈 그들을 보시고 측은지심이 일었다고 기록한다. 그들이 목자 없는 양들 같았기 때문이다.(마르 6,34)

그들도 예수님을 본다. 그들은 예수님을 보면서 무엇을 보았을까? 요한에 의하면 그들은 그분께서 병자를 낫게 하는 기적을 보았다. 그들은 자신들을 위하여 그분이 무엇을 해줄 것인가를 보았다.

그분의 제자들도 군중을 보았다. 그들은 군중을 보면서 무엇을 보았을까? 그들은 걱정이 태산이었다. "너희가 먹을 것을 주어라."는 그분의 말씀 때문이다. 그때 한 아이가 빵 다섯 개와 물고기 두 마리를 가지고 왔다. 빵을 보면서 예수님의 제자들과 군중은 무엇을 보았을까? 안드레아는 체념하듯 말한다. "이렇게 많은 사람에게 이것이 무슨 소용이 있겠습니까?" 그들이 가지고 온 빵을 예수님도 보셨다. 그분은 하늘을 바라보며 감사를 드리셨다.

우리는 오늘도 수많은 사람을 볼 것이다. 우리는 이들을 어떻게 보는가? 식탁에 오른 밥을 어떻게 보는가? 밥에서 밥을 지은 어머니의 마음을 볼 수 있을까? 그 쌀이 있게 한 농부의 마음을 볼 수 있을까? 태양을 비추어주신 하느님의 마음을 볼 수 있을까? 감사할 수 있을까? 예수님께서 수많은 군중을 배불리 먹이신 표징을 보고 사람들은 말한다. 이분이야말로 정말 세상에 오시기로 되어 있는 그 예언자다. 그들은 무엇을 보았을까? 그런 그들을 남겨두고 예수님께서는 홀로 산으로 물러나셨다.(요한 6,1-15)

소경 1

우리는 멀쩡한 두 눈을 가지고도 (사물을) 옳게 보지 못하는 경우가 많다. 보고 싶은 것만 보면서 정작 보아야 할 것을 보지 못하는 경우가 허다하다. 혈연·지연·학연 등에 얽매인 눈은 겉모습에만 치중하여 속마음을 읽는 눈을 멀게 한다. 겉모습으로 남을 판단하는 눈은 자신의 흠마저 남의 탓으로 돌리며, 자기와 다른 남을 죄인으로 몬다. 이런 이들에게 하느님께서 말씀하신다. "용모나 신장은 보지 마라. …… 사람들은 겉모양을 보지만 나 야훼는 속마음을 본다."(1사무 16,7 공동번역) 예수님께서 말씀하신다. "나는 이 세상을 심판하러 왔다. 보지 못하는 이들은 보고, 보는 이들은 눈먼 자가 되게 하려는 것이다."(요한 9,39) 겉만을 보는 눈으로는 인간들 안에 하느님의 놀라운 일이 일어나고 있음을 볼 수 없다.(요한 9,40)

우리의 눈을 멀게 하는 것들, 보지만 보지 못하게 하는 것에는 '하느님'도 '예수님'도 '교회'도 포함된다. 이 거룩한 (대)명사가 우리의 눈을 멀게 하는 요인으로 작용할 수 있다는 것은 놀라운 일이다. 그런데 그것은 사실이다. 하느님의 이름을 부르면서도 하느님 아닌 것을 섬기고, 주님, 주님 하면서도 자신의 주장만 내세우고, 교회에 모여 기도하면서도 이웃에게서 사랑을 보지 못한다면, 그 하느님 그 예수님 그 교회는 우리의 눈을 멀게 하는 것이다.

눈이 먼 사람들은 좀처럼 자기의 눈멂을 인정하려 하지 않는다. 오히려 반항하는 자세로 나온다. "우리도 눈먼 자라는 말은 아니겠지요?"(요한 9,40) "너희가 눈먼 사람이었으면 오히려 죄가 없었을 것이다. 그러나 지금 너희가 '우리는 잘 본다.' 하고 있으니, 너희 죄는 그대로 남아 있다."(요한 9,41)

주님, 보게 하여 주십시오.

소경 2

사울이 길을 떠나 다마스쿠스 가까이에 이르렀을 때에 갑자기 하늘에서 빛이 번쩍이며 그의 둘레를 환히 비추었다. 그가 땅에 엎드리자 "사울아, 사울아, 네가 왜 나를 박해하느냐?" 하는 음성이 들려 왔다. 사울이 "당신은 누구십니까?" 하고 물으니 "나는 네가 박해하는 예수다" 하는 대답이 들려 왔다. 사울과 동행하던 사람들도 그 음성을 들었지만 아무 것도 보이지 않아 벙벙해서 서 있기만 하였다. 사울은 땅에서 일어나 눈을 떴으나 앞이 보이지 않았다. 사울은 사흘 동안 앞을 못 보고 먹지도 않고 마시지도 않았다.(사도 9,3-9 공동번역)

바오로가 소경이 되었다. 지금껏 보던 것을 보지 못하게 되었다. 그는 머리가 좋았고, 배워야 할 것은 다 배웠음을 강조할 만큼 지식이 풍부하였다. 그는 그 지식에 의존하여 세상을 보았다. 그런 바오로가 예수님의 십자가 앞에 무력하게 쓰러졌다. 그리고 눈이 멀게 되었다. 지금까지 세계를 보던 눈이 멀게 된 것이다. 자기 힘으로, 율법의 힘으로 보던 모든 것을 보지 못하게 된 것이다. 눈먼 바오로는 아나니아에게 인도되어 세례를 받게 된다. 비늘 같은 것이 눈에서 떨어지며 다시 보게 된다. 새로운 눈으로 세상을 바라보게 된 것이다. 과거에 보던 것에서는 소경이 되고 새로운 것을 보는 눈을 뜬 것이다. 전에는 율법에 따라 보고 싶은 것만을 보았

지만 이제 하느님의 눈으로 세상을 보게 된다.(사도 9,17-19)

빛의 체험은 바오로에게 율법에 의존하여 살던 자기의 죽음의 체험이었다. "나는 하느님을 위하여 살려고, 율법과 관련해서는 이미 율법으로 말미암아 죽었습니다. 나는 그리스도와 함께 십자가에 못 박혔습니다. 이제는 내가 사는 것이 아니라 그리스도께서 내 안에 사시는 것입니다. 내가 지금 육신 안에서 사는 것은, 나를 사랑하시고 나를 위하여 당신 자신을 바치신 하느님의 아드님에 대한 믿음으로 사는 것입니다."(갈라 2,19-20)

새로운 눈으로 십자가를 바라보게 된 사람은 따뜻한 동정심과 친절한 마음과 겸손과 온유와 인내로 새롭게 하여 서로 도와주고 피차에 불평할 일이 있더라도 서로 용서(콜로 3,12-13 공동번역) 하며 살게 된다.

여인의 빛

　예수님께서 어느 바리사이 집에서 식사를 하시는데 평판이 좋지 않은 한 여자가 그 소식을 듣고 찾아와서는 예수님 뒤쪽 발치에 서서 울다가 눈물로 그분의 발을 적시며 머리카락으로 닦아드리고 그 발에 입을 맞추고 향유를 부어 발랐다.(루카 7,36-38) 눈물로 그분의 발을 적시며 여인은 무슨 생각을 하였을까? 그녀가 흘리는 눈물을 보며 예수님은 어떤 생각을 하셨을까? 예수님은 그녀의 눈물에서 사랑을 느끼며 그녀가 하는 대로 내버려 두셨다. 예수님을 초대한 바리사이 시몬이 이를 보고 못마땅해 한다. "저 여자가 누구인지 알 텐데 어떻게 저렇게 내버려 둘 수 있을까?"
　그는 지금 여기에 무슨 일이 일어나는지는 보지 않고 평판이 좋지 않은 한 죄인 여자가 예수님께 접근하여 그분의 발을 만지고 예수님은 이를 초연하게 받아들이고 있다는 사실만을 보고 있다. 그는 지금 저 여자가 흘리는 눈물이 어떤 눈물인지 모르며, 그 눈물을 받아들이는 예수님의 마음도 모른다. 저 여인이 흘리는 눈물은 하느님께 빚진 자신의 인생을 받아들이는 예수님께 대한 사랑과 존경의 표시이다.
　예수님의 사랑이 그녀를 당신에게 다가오도록 부르고, 그 부르심에 응하여 여인은 지금 예수님의 발치에 꿇어앉아 눈물을 흘리는 것이다. 예수님은 지금 자기의 발을 만지는 이 여인에게서 자기를 거창한 음식에 초대한 시몬에게서보다 더 큰 사랑을 느끼신다.

"내가 네 집에 들어왔을 때 너는 나에게 발 씻을 물도 주지 않았다. 그러나 이 여자는 눈물로 내 발을 적시고 자기의 머리카락으로 닦아 주었다. 너는 나에게 입을 맞추지 않았지만, 이 여자는 내가 들어왔을 때부터 줄곧 내 발에 입을 맞추었다. 너는 내 머리에 기름을 부어 발라 주지 않았다. 그러나 이 여자는 내 발에 향유를 부어 발라 주었다. 이 여자는 …… 그래서 큰 사랑을 드러낸 것이다."(루카 7,44-47)

언제 인간은 눈물을 흘릴 수 있도록 사랑할 수 있을까? 사랑하는 사람은 자기가 인생으로 빚진 것을 안다.

하느님께서 보신다

나는 어렸을 때 한 소녀를 좋아하였다. 성당 마당에서 놀다가 그녀만 보이면 신이 나서 몸놀림이 커졌다. 내 뛰는 모습을 그녀도 좋아할 것이라 생각했기 때문이다. 때로는 그녀가 보이는 곳을 찾아가며 놀이를 하였다. 사랑하는 사람이 지켜보면 삶은 신이 난다.

하느님은 하늘 높은 곳에서 우리를 지켜보신다. 산에 올라가도 거기 하느님이 계시고 지옥에 내려가도 거기 하느님이 계신다. 거리를 활보할 때도 하느님은 거기 계시고 방문을 걸어 잠그고 숨어 있어도 하느님은 거기 계신다. 그런 하느님에게서 사람들은 무서움을 느꼈지만, 이는 하느님의 시선을 느끼지 못한 때문이다.

하느님은 우리가 착한 일을 하는지 못된 짓을 하는지 감시하시려고 쫓아다니며 지켜보시는 것이 아니라 당신의 착한 피조물을 감상하고 계시는 것이다. 당신의 피조물이 산으로 오르고 지옥으로 내려가고 거리를 활보하는 것을 사랑의 눈으로 바라보고 계신다. 하느님이 우리를 굽어보시기에 우리는 신이 나서 삶을 즐길 수 있다.

매사에 하느님의 눈길을 느끼고 싶다.

등불

"아무도 등불을 켜서 그릇으로 덮거나 침상 밑에 놓지 않는다. 등경 위에 놓아 들어오는 이들이 빛을 보게 한다. 숨겨진 것은 드러나고 감추어진 것은 알려져 훤히 나타나기 마련이다."(루카 8,16-17) 여기서 등불은 예수님이다. 그분이 빛이시기 때문이다. 그분은 "모든 사람을 비추는 빛"(요한 1,9)이시며, "세상의 빛"(요한 8,12)이다. "당신 신분을 감추셨지만 등불이시므로 결국 세상을 비추기 마련이다." 이 말씀에는 등불은 숨겨둘 것이 아닌 것처럼 예수님께서 등불처럼 드러나게 활동할 것이라는 결의가 표현되어 있다.(정양모)

예수님의 이 말씀은 듣는 사람을 위한 말씀이기도 하다. 우리는 세상의 등불이다. 그분은 우리가 세상의 빛이며 소금이라고 말씀하시기 때문이다. 모든 인간은 자기 안에 현존하시는 하느님을 자기 안에 가두어 두지 말고 세상에 비추어야 한다. 그렇게 세상 모든 사람들은 하느님을 비추는 등불과 같은 존재이다. 세상 모든 사람은 자기의 존재로 하느님을 세상에 비추어야 한다. 세상 사람들이 자기 존재를 통해 숨어 계신 하느님을 볼 수 있게 해야 한다. 이것이 인생의 목표이다.

귀 기울이다

"자연은 가슴으로 듣는 이에게만 말한다."(스티브 반 마터) 자연은 인간처럼 "연인이나 가족, 친구들에게 그들의 메시지를 굳이 말로 표현하지 않는다." 자기만의 언어를 포기하고 자연을 들을 때 우리는 "자연이 사랑의 언어로 얘기하는 것을 알 수 있을 것이다. 새싹이 돋아나는 것에서, 물에 깎인 돌의 감촉에서, 저녁 하늘의 석양과 여름비의 냄새, 밤바람의 소리 안에서, 우리는 자연의 목소리를 들을 수 있다."

"와서 자연에 귀를 기울여 보자. 자연을 사랑하는 사람들에게 그것은 지치지 않는 기쁨의 원천이 된다.(소리, 질감, 색, 모양, 패턴과 조화, 감각적인 즐거움, 황홀감, 끊임없는 놀라움) 자연을 사랑하는 사람들은 어떤 인공적인 설치물도 문명의 손길이 닿지 않은 한 움큼의 땅이 주는 풍족함이나 드라마, 의미를 주지 못한다는 것을 알고 있다. 끝없이 솟아나는 오아시스의 샘물처럼 자연이 주는 놀라움은 우리 모든 이들의 하루를 충만케 해준다. 자연을 사랑하라. 자연과 함께 잠들라. 그것이 당신을 가르칠 것이다."(스티브 반 마터)

4
세상은 아름답다

집 1

미국의 주거 환경은 한국과 달리 대체로 산 위쪽의 마을일수록 비싸다. 비싼 만큼 집도 크고 쾌적하다. 한국에서는 별로 인기 있어 보이지 않는 높은 곳을 이곳 사람들이 선호하는 이유는 공기가 맑고 전망이 좋기 때문이다. 출퇴근을 위해 자동차로 수십 분을 달려야 하고, 물건을 사기 위해서 차를 타고 내려가야 하는 불편을 감수하면서까지 그 높은 곳에서 사는 이유는 전망이 있기 때문이다. 그 전망 좋은 곳에 자랑스럽게 한국인들도 많이 살고 있다. 그런데 그들에겐 때로 집의 크기와 집값이 화제의 중심이 되기도 한다.

돈과 명예와 인기 위에 호화로운 집을 지으며 살다가 모든 것을 탕진한 작은 아들이 돼지가 먹는 쥐엄나무 열매로 배를 채우려다가 그마저 먹지 못하게 되자 중얼거린다. "내 아버지의 그 많은 품팔이꾼들은 먹을 것이 남아도는데, 나는 여기에서 굶어 죽는구나."(루카 15,17)

내가 돌아가야 할 내 아버지의 집은 어디인가? 그 많은 일꾼들이 풍족하게 먹고도 남아도는 곳? 나에게 아늑함을 느끼게 해주는 집은 어디인가? 나는 오늘 어떤 집에서 살고 있는가? 나는 오늘 어떤 집을 짓고 있는가? 아버지의 자비가 다스리는 집.

집 2

그리스도인에게 예수님을 따른다는 것은 자기가 사는 집을 떠나는 것이다. 집뿐만 아니라 집에서 만나는 모든 사람을 떠나는 것이다. 부모 형제 처자는 물론이고 심지어는 그 집에서 먹고 자고 일하는 자신마저 떠나는 것이다. 집이 없어야 한다는 점에서는 들판의 여우나 하늘의 새보다도 더 철저해야 한다. "여우들도 굴이 있고 하늘의 새들도 보금자리가 있지만, 사람의 아들은 머리를 기댈 곳조차 없다."(루카 9,58)

우리는 집을 비우지를 못한다. 더 큰 집, 더 편안한 집을 원하기 때문이다. 더 크고 편안한 집을 원한다는 것은 더 큰 것을 향한 마음을 키우는 것이며, 더 큰 것을 향한 마음을 키운다는 것은 나에 대한 집착을 키우는 것이다. 나에 대한 집착이 강할수록 소유욕도 커진다. 집뿐 아니라 부모도 처자도 만나는 사람들도 나의 소유물로 보게 된다. 집은 더 이상 먹고 자고 쉬고 안락함을 주는 곳이 아니라 소유를 드러내는 척도가 된다. 집이 소유물이 될 때 그 집에는 오로지 나를 잃는 일만이 남는다. 집이 소유물이 아닐 때, 집을 비울 때, 집이 집일 때, 그 집은 하느님의 집이 되고 그 집에서 나는 편히 쉴 수 있다. 하느님은 내가 지은 건물이 아니라 당신이 지은 집에 거처하시기 때문이다.

키가 작은 자캐오는 예수님을 보기 위해 돌무화과나무 위로 올라간다. 예수님은 돌무화과나무 위에 올라앉아 당신이 지나가기를 기다리는 자캐오를 쳐다보며 말씀하신다. "자캐오야, 얼른 내려오너라. 오늘은 내가 네 집에 머물러야 하겠다." 자캐오가 급히 나무에서 내려와 주님께 말한다. "주님! 제 재산의 반을 가난한 이들에게 주겠습니다." 주님께서 말씀하신다. "오늘 이 집에 구원이 내렸다."(루카 19,9) 구원은 집을 비울 때 채워진다.

그리스도인은 성체를 영하기 전에 이교도인 카파르나움의 백인대장이 한 고백을 따라 "주님, 제 안에 주님을 모시기에 합당치 않사오나 한 말씀만 하소서. 제가 곧 나으리이다." 하고 고백한다. 주님을 모시기 위해서 우리는 집을 비워야 한다. 자기 자신을 비워야한다. 집을 비워라. 빈 공간으로 만들어라. 하느님의 집은 빈 공간이다. 거기서 창조가 이루어졌다.

순례 1

인생은 길이다. 어디서 와서 어디로 가는가? 이 길을 깨닫기 위하여 그리스도인은 예수님이 걸으신 길을 순례한다. 예수님께서 태어나시고 복음을 선포하시고 가난한 이를 만나시고 수난하시고 죽으시고 부활하신 곳을 향하여 순례한다. 시간이 지나면서 그리스도인은 베드로와 바오로가 활동하다가 순교한 로마, 야고보의 유해가 모셔진 산티아고, 마리아가 발현한 루르드 등지도 순례한다.

인생을 사는 우리는 모두 세상의 순례자다. 인생이 펼쳐지는 고된 일상에서 잠시 벗어나 예루살렘으로, 산티아고로, 루르드로, 새남터로 순례를 떠나는 것은 길을 찾기 위해서이다. 일상에서 잃은 삶의 방향을 바로 잡아 마음의 평화를 얻고, 일상에서 얻은 상처에서 치유를 얻기 위해서다.

그런데 순례지에 도착하면 그곳이 우리들이 순례하는 영원한 목적지가 아님을 곧 알게 된다. 잠시 머물며 미사 드리고, 기도하고, 주위를 한 바퀴 둘러보고는 서둘러 그곳을 떠나 다시 일상으로 돌아가는 순례를 한다. 이를 반복하는 사이 우리는 인생 자체가 곧 순례임을 깨닫게 된다. 그리고 드디어 순례의 목적지는 지상의 삶을 마무리하는 순간임을 어렴풋이 받아들이게 된다. 온 인생을 통해 우리는 죽음을 향한 순례를 하고 있는 것이다. 죽음은 생의 종착점이 아니라 그렇게 생의 목표점이다. 이 신비를 깨닫는 자는 복되다. 깨달은 자의 얼굴은 평온하다.

복된 존재가 되기 위해 나는 오늘도 순례를 떠난다. 눈앞에 펼쳐지는 광경과 부와 명예와 인기를 죽이고, 태초에 하느님께서 진흙과 같은 내 존재 안에 불어넣어 주신 하느님의 숨을 느끼며 이를 다시 하느님께 돌려드리기 위하여 순례를 떠난다. 죽음을 생명의 첫 순간처럼 감동적으로 맞이하기 위하여 나는 오늘도 생을 통과하는 순례를 한다. 나를 따뜻이 맞이해 줄 내 인생을 완성해 줄 나의 어머니와 같은 품을 향하여.

나는 지금 내 인생 순례의 어느 시점에 와 있는가?

순례 2

 우리가 성지를 찾아 순례하는 것은 성인들이 그들의 일상에 주어진 십자가를 어떻게 이겨냈는지, 인생이라는 메마른 광야에서 어떻게 행복을 발견하였는지, 그리고 어떻게 행복을 세상에 선사하며 살았는지 물으며, 그들의 삶을 통하여 우리의 삶을 돌아보고 깨닫기 위해서이다. 그들은 일상의 삶 속에 주어진 십자가에서 거룩함을 발견하였다.
 순례지에 도착하면 인생길을 걷는 우리들 마음에 알게 모르게 십자가를 내려놓고자 했던 충동이 꺼지고 인생이 십자가를 내려놓는 것을 허용하지 않는다는 것을 깨닫게 된다. 우리는 내려놓고 싶은 십자가를 다시 지기 위하여 순례를 떠난 셈이다. 그렇게 우리는 순례 내내 몸에 그은 십자가를 순례지에 도착해서도 중단하지 못하고 온 몸에 긋게 된다. 일상의 삶에서 벗어나고자 떠나간 순례지에서 십자가 인생을 만난다는 것은 행복을 추구하는 우리들을 당혹스럽게 하지만, 우리의 인생은 최종 목적지에 도달하는 순간까지 십자가를 내려놓지 못한다.
 십자가를 내려놓게 하는 순례, 십자가를 내려놓고 일상으로 돌아가게 하는 순례란 없다. 우리는 십자가를 지기 위해 순례의 길을 걷는다. 순례를 하면서 우리는 그것을 깨닫는다. 십자가를 내려놓는 날, 다시 순례의 길을 떠나야 한다는 것을.

그리스도인들에게 십자가는 하느님을 체험하게 해 주는 유일한 장소이다. 십자가는 너무도 고통스러워 하느님을 원망하고 저주하고 부정하고 싶은 곳이지만, 바로 그 때문에 하느님께서는 아니 계신 곳 없이 모든 곳에 다 계신다는 믿음을 극적으로 깨닫게 해준다. 십자가에서 인간은 극적으로 하느님과 하나가 된다. 많은 사람들이 하느님 체험이 잘 안된다고 말하는데, 이는 십자가를 내려놓으려는 마음을 버리지 못하기 때문이다. 십자가 위에서 인생은 비로소 "다 이루었다" 는 말을 할 수 있게 된다. 십자가 없이는 인생의 목표에 도달할 수 없다.

그리스도인은 십자가를 지기 위해 순례하는 사람이다.

신비스런 존재

　20세기의 위대한 신학자 칼 라너(1904~1984년)는 인간을 끊임없이 '질문하는 존재'라고 하였다. 태어나 눈이 뜨이고 귀와 입이 열리기 시작하면서부터 인간은 죽을 때까지 끊임없이 질문을 던진다. 우리는 어디서 와서 어디로 가는가? 무엇을 위하여 사는가? 왜 태어났는가? 인생에 절망을 안겨주는 좌절과 두려움에 대한 체험의 근원은 무엇일까? 이 두려운 상황에서 행복과 사랑, 희망과 위로는 어떻게 설명해야 하는가? 죽은 뒤에 우리는 어떻게 될까? 태어날 때는 상상도 하지 못한 질문들을 마구 던지면서 인생의 물음에 답을 얻으려 한다. 하지만 결국은 아무런 답변을 구하지 못한 채 질문 자체를 몰랐던 태어날 때의 그 순간으로, 아예 이런 질문을 던질 필요가 없는 시간 속으로, 태어나기 이전의 신비스런 고요에 합류하게 된다. 인간의 질문이 부질없는 것임을 증명이라도 하듯, 이런 질문이 오히려 인생을 어지럽힌다는 것을 깨우쳐 주려기라도 하듯, 모든 것을 침묵시키는 생명의 모태인 땅에 조용히 묻히어 흙으로 돌아간다.

　끊임없이 질문한다는 데에는 인간이 끝없는 지평을 향하여 열려있는 존재라는 것이 암시되어 있다. 산 위에 걸린 무지개를 잡기 위해 꼭대기까지 올라가면 어느새 무지개는 건너편 산에 걸려 있듯이 인간에게 삶은 도달할 수 없는 영원을 향하여 열려 있다. 무지개를 잡는 날, ― 그런 일은 불가능한 일로 상상할 수도 없는 일이긴 하지만 ― 무지개는 더 이상 무지개가 아니다. 무지개를 잡은 인간도 더 이상 인간이 아니다. 질문에 대한 정답을 얻은 인간은 더 이상 인생을 사는 것이 아니다. 인간은 초월적이고 열려 있는 존재인 것이다. 인간은 그 자체로 질문하는 존재이다. 그래서 신비스러운 존재이다.

 인생의 끝이 인생이 시작한 시간에 도착하는 것임을 아는 사람은, 신비에 자신을 맡기는 사람은 현명하다. 평생 돈과 권력과 명예를 찾아 헤맸을지라도 인생의 끝에 이것들이 생의 전부가 아님을 깨닫고 흙에 자신을 고요히 맡길 수 있다면, 그는 인생을 헛살지 않았다. 죽음에 자신을 맡길 수 없는 사람이 불행하다.

아는 사람

　세상을 살아가면서 우리는 수많은 사람을 만난다. 사람 만나는 것이 싫어 문을 닫아걸고 골방에 들어앉는다고 사람들로부터 자유로워지는 것이 아니다. 어떤 식으로든 사람은 사람을 만나며 살기 마련이다. 서로 만나 사귀면서 그들이 어디서 왔는지, 무엇하는 사람인지, 무엇을 좋아하고 무엇을 싫어하는지, 무슨 생각을 하고 있는지 차츰 알게 된다. 하지만 그것으로 그들을 안다고 할 수 있는가? 사람을 안다는 것은 무엇인가?
　예수님을 두고 사람들이 웅성거린다. "우리는 저 사람이 어디에서 왔는지 알고 있다." 예수님께서 그들에게 말씀하신다. "너희는 나를 알고 또 내가 어디에서 왔는지도 알고 있다. 그러나 나는 나 스스로 온 것이 아니다. 나를 보내신 분은 참되신데 너희는 그분을 알지 못한다. 나는 그분을 안다. 내가 그분에게서 왔고 그분께서 나를 보내셨기 때문이다."(요한 7,28-29) 사람들이 당신을 알고 있다는 말씀인가, 모르고 있다는 말씀인가? "저 사람이 어디에서 왔는지 알고 있다."고 말하는 저 사람들은 정말 예수님을 아는가? 우리는 그분을 아는가?
　예수님의 고향이 어디고 그분의 부모가 누군지 아는 것으로 그분을 안다고 할 수 없다. 그분이 알고 계시는 분, 그분을 보내신 분을 알지 못하면 그분을 안다고 할 수 없다. 그분의 마음을 보지 못하면서 어떻게 그분을 안다고 할 수 있겠는가?

그분께서 말씀하신다. "나를 보내신 자만이 내가 누군지 안다." 예수님은 당신이 누군지 아신다. 당신을 보내신 분을 알기 때문이다. 그분은 그들이 누군지 안다. 그분은 그들의 겉모양을 넘어 그들의 마음 안에 와 계시는 하느님을 보기 때문이다.

우리 인생의 목표는 그분을 알고 이를 통해 나를 아는 것이다. 자기 안에 하느님이 현존하신다는 것을 느끼는 자만이, 자기가 하느님으로부터 보내졌다는 것을 아는 사람만이 그분을 알아볼 수 있고 스스로를 알아보며 다른 사람들 또한 알아 볼 수 있다.

환경

 프란츠 카프카는 1912년 2월 8일자 일기에 이렇게 쓴다. "우리는 낙원에서 추방되었다. 그래서 낙원은 파괴되지 않은 채 남겨져 있다. 그렇게 볼 때 낙원으로부터의 추방은 행운이다. 만일 우리가 추방되지 않았다면 낙원은 파괴되고 말았을 것이다."
 하지만 인간이 낙원에서 쫓겨나지 않았다 해도 낙원이 인간에 의해서 파괴되는 일은 일어나지 않았을 것이다. 인간은 낙원을 파괴할 능력이 없기 때문이다. 인간이 자연의 주인이기나 한 듯이 자연을 함부로 대하며 아무리 파헤친다 해도 우주가 수백억 년의 세월을 면면히 이어오듯이 그렇게 자연의 미래는 인간의 능력이나 의지와는 상관없이 파괴되지 않고 이어질 것이다.
 인간이 대자연의 웅장함에 감탄하면서도 자신의 이익을 위해서 마구 파헤치고 훼손하며 오로지 자기의 행복과 자기의 건강을 위해서 자연을 찾는 것을 보면 자연을 감탄하는 그 마음 안에는 자연을 무시하고 파괴하는 무서운 힘이 도사리고 있다. 하지만 자연은 인간에 의해 파괴되지 않는다. 인간에게는 자연을 파괴할 능력이 없다. 다만 인간이 사는 환경이 파괴될 뿐이고 오염된 환경 속에서 인간 자신이 질식할 뿐이다. 인류는 멸망하여도 자연은 아랑곳없이 유구히 지속할 것이다.
　인간이여, 자연 앞에 겸손하여라. 결코 자신의 힘으로 파괴할 수 없는 천국의 낙원을 동경하여라.

창세의 신비

인생이 무엇인가? 창세기의 세상 창조 이야기는 이런 인생의 질문에 답변하고자 한 신학 이야기이다. 창세기는 한 처음, 아직 내 인생이 시작하기 전, "땅은 아직 꼴을 갖추지 못하고 비어 있었는데, 어둠이 심연을 덮고 하느님의 영이 그 물 위를 감돌고 있었다."(창세 1,1-2)고 묘사한다. 이보다 더 신비스런 상태가 있을까? 동양의 천자문 저자도 우주의 이 신비스러움을 깨달았던 것일까? 천자문은 하늘이 검다, 신비스럽다는 말로 시작한다. 시작은 신비스럽다. 무·어둠·무형·물, 신비의 상태. 이 신비로운 상태에 하느님의 기운이 감돌며 한 가닥 빛이 비친다. 나의 인생은 이처럼 어둠에 빛이 스며드는 것처럼 시작한다. 생명은 어두운 신비에서 탄생한다. 창세기 어둠의 상태는 어머니의 자궁 속 상태와 같다.

인생을 깨달으려거든 아침 일찍 일어나 어둠에 빛이 스며드는 것을 관조하는 일부터 시작해보라. 인생의 신비로움을 느낄 것이다. 이 신비는 인간의 어떤 언어로도 설명할 수 없다. 이 신비로운 인생을 우리 조상은 조선인이라 하였다.

창세기 처음에 나오는 단어들은 이 신비스런 시작을 서술하기 위한 것들이다. 인생과 그 시작은 그 어떤 인간의 언어로도 적절히 표현할 수 없다. 이 신비 앞에서 인간은 침묵을 지키든지 말을 넘어서는 시위를 하든지 둘 중 하나를 선택할 뿐이다. 그런데 말하기를 좋아하는 인간들은 이 둘을 모두 피해간다. 창조라는 단어를 비롯하여 성경의 단어들은 우리를 신비로 안내하는 신학적인 말이건만 사람들은 이것들을 과학적이고 역사적인 단어들처럼 대한다. 그리하여 창조냐 진화냐 하는 식의 개념 논쟁에 휘말리며 창조를 오해한다.

우리를 생명의 신비로 안내하지 못하는 인간의 언어와 글은 우리를 죽음으로 이끌 뿐이다. 우리에게 인생의 처음을 느끼게 해주는 창세기의 단어들은 우주의 신비를 넘어 생명의 신비를 묘사하기 위한 것이며 또 우리를 신비로 이끌기 위한 것이다. 자신을 신비로 안내하도록 내버려두는 자만이 창세기의 이 말을 깨달을 수 있을 것이다.

말씀과 침묵

세상만물은 하느님의 말씀으로 창조되었다. 모든 피조물은 자기 존재 안에 하느님의 말씀을 씨앗으로 가지고 태어났다. 하늘과 땅, 산과 들, 바다와 강, 나무와 풀, 구름과 바람, 새들과 갖가지 동물, 세상만물이 자기의 소리로 하느님의 말씀을 들려준다. 인간만이 아니라 길거리의 돌멩이 하나, 잡초 한 포기마저도 하느님을 들려주는 하느님의 말씀이다. "모든 피조물은 하느님의 말씀이다."
(에크하르트)

피조물의 온갖 소리에서 하느님의 음성을 들을 수 있는 자는 행복하다. 사랑하는 사람 미운 사람 아픈 사람 못난 사람 만나는 모든 사람에게서, 새소리 바람소리 시냇물소리 파도소리 만물의 소리에서 하느님의 말씀을 듣는 자는 복되다.

하느님께서 말씀으로 세상만물을 창조하셨다지만 직접 하느님의 목소리를 들은 사람은 아무도 없다. 만물의 소리에 귀를 기울이는 자만이 자기를 내신 그분의 음성을 알아들을 수 있다.

그분은 침묵 가운데 당신의 음성을 들려주신다. 침묵은 모든 소리를 집어삼키며 모든 소리를 낸다. 만물은 침묵하는 자에게 자기의 소리를 통해 그분의 음성을 들려준다. 소리 없이 흘러가는 구름, 눈 덮인 깊은 산속 앙상한 나뭇가지 사이로 부는 바람소리, 흰 거품을 물고 달려와 바위에 부딪치는 거센 파도 소리는 그렇게 자기 소리로 소리의 원천인 하느님의 말씀으로 우리를 안내한다.

만물의 소리에서 하느님의 음성을 듣기 위해서는 자기의 소리를 죽여야 한다. 자신의 소리를 침묵시키는 자만이 만물의 소리에서 그분의 음성을 들을 수 있다. 침묵이 흐르는 고요 속에서 하느님의 말씀이 세상을 창조하며 우주로 퍼져나감을 느낀다. 침묵 속에서 세상을 창조하신 하느님과 하느님이 창조하신 창조물을 만난다. 우주만물이 침묵에서 나와 침묵으로 빨려든다.

세상만물이 하느님의 빛을 비춘다. 하느님의 빛을 비추지 아니하는 피조물은 없다. "초목이건 씨앗이건, 꽃봉오리건 아름다움이건 (하느님의) 광채가 없이는 피조물일 수 없다"(힐데가르트). "모든 피조물은 하느님의 빛이고 광채이며 하느님 신성의 표현이다"(M. 폭스). "피조물 안에서 발견되는 모든 것은 신에게서도 발견되며 이것은 피조물이 신성한 것임을 뜻한다"(쿠자누스).

언어 이전의 침묵에서 우주의 교향악을 듣는다. 들판에 깔린 안개와 말없는 나무와 풀, 신선한 공기와 바람이 어우러진 합창소리를 들으니 세계가 신비스럽다. 하늘과 땅이 맞닿은 곳에서, 나와 우주 사이에 펼쳐진 텅 빈 공간에서 고요하고 맑은 생명으로 내가 새롭게 태어남을 느낀다.

새벽, 인간보다 먼저 잠에서 깨어난 새들이 재잘재잘 잠든 세계를 깨운다.

오늘 하루 하느님의 빛 속에서 모든 것에서 하느님의 말씀을 듣는 날이 되기를!

존재의 목적

우리 존재의 목적은 하느님의 말씀을 세상에 탄생시키는 것이다. 마리아가 그리스도를 세상에 탄생시키셨듯이 우리도 우리 안에 잉태된 그리스도를 세상에 탄생시켜야 한다.

"하느님은 마치 아이를 낳은 여인이 분만실에 누워 있듯이 자기중심주의를 버리고 하느님의 내재를 받아들인 모든 착한 영혼들 안에 계신다."

"내가 성자를 낳지 않는다면 창조주가 성자를 낳은 것이 내게 무슨 도움이 되겠는가? 하느님은 완전한 영혼 안에 신성한 아이를 낳아주며, 그 영혼이 하는 일에서 다시 아이를 낳아주기 위해서 분만실에 누워 있다."

세상이 그리스도 안에 창조되듯이 세상이 우리 안에서 창조된다.

(위의 두 인용은 에크하르트에게서)

침묵 1

예수님은 '하느님의 말씀'이다. 하느님의 말씀이신 그분은 골방에 들어가 기도하라고 가르치시고(마태 6,6) 침묵 속에 기도하라고 이르신다. 그분의 말씀은 침묵을 통해 들려오고 인간의 말을 침묵시킨다. 잡히시기 전날 겟세마니 동산에서 홀로 기도하시는 모습에서 온 세상을 뒤덮는 침묵이 흐른다. 십자가에서 마지막으로 절규하신 그분의 음성에서 세상의 모든 소리가 침묵 속으로 사라진다.

인간의 언어가 침묵하고 온 세상의 소음이 침묵 속으로 사라진 곳에 비로소 하느님의 말씀이 들려온다. 한 처음에 하느님과 함께 계셨던 말씀, 세상을 창조하신 하느님의 말씀이 들려온다.

침묵하는 자만이 말구유에 누운 아기에게서 인간의 부유한 언어를 침묵시킨 하느님의 음성을 들을 수 있다. 마리아는 예수님 못지않게 침묵의 여인이었다. 마리아는 예수님에게 일어난 모든 일을 마음속에 고이 간직하고 아기에게서 하느님의 음성을 들었다.

침묵 2

　침묵하기 위해 인간은 말을 배워야 한다. 영어로 말하는 나라에서 영어를 모르는 사람이 입을 다물고 있다 하여 침묵을 지킨다고 말할 수 없다. 침묵이 흐르는 수도원은 언어를 익히는 곳이다. 언어를 모르고서는 침묵의 영성을 닦을 수 없다.
　침묵은 말을 하지 않는 것이 아니다. 오가는 많은 말 속에서도 침묵의 분위기를 느낄 수 있고 말이 없는 가운데서도 침묵이 깨지는 소리를 들을 수 있다.
　침묵은 자기의 소리를 죽이는 것이다. 침묵의 시간은 마음을 듣는 시간이다. 하느님은 침묵 가운데 말씀으로 세상을 창조하셨고, 말씀은 침묵 가운데 인간이 되어 오셨다. 인간의 언어를 침묵시키기 위해서. 침묵의 언어로 이야기하도록 하기 위해서. 인간이 다시 하느님의 창조로 태어나도록 하기 위해서.

벙어리

세례자 요한의 아버지 즈카르야는 벙어리가 된다. 주님의 천사가 나타나 그의 아내 엘리사벳이 아들을 낳을 것이라며 기뻐하라고 하였을 때 의심하였기 때문이다. 아기를 낳을 때까지 그는 하고픈 말, 해야 할 말들을 마음에 담아둔 채 말을 삼키며 살아야 했다.

9개월의 긴 벙어리 기간을 거쳐 입을 연 그가 처음으로 한 일은 자기를 벙어리로 만든 하느님을 찬미하는 일이었다. "찬미하여라, 이스라엘의 주 하느님을!"(루카 1,68 공동번역)

자기의 말을 침묵시키며 벙어리가 된 자만이 "하늘 높은 곳에 구원의 태양을 뜨게 하시어 죽음의 그늘 밑 어둠 속에 사는 우리에게 빛을 비추어 주시고 우리의 발걸음을 평화의 길로 이끌어 주시는"(루카 1,78-79 공동번역) 주님의 음성을 들을 수 있으며 주님을 찬미하는 노래를 부를 수 있다.

자기의 말을 침묵시키며 벙어리가 된 자만이 우리가 가는 길에 빛을 비추어 주고 우리의 발걸음을 평화의 길로 이끌어 주시는 하느님의 음성을 들을 수 있다. 십자가에서 당신의 온 몸으로 하느님 나라가 다가왔다고 부르짖는 이의 복음을 들을 수 있다.

광야에서 외치는 저 요한의 소리를 들을 수 있도록, 십자가에서 절규하시는 저 예수님의 음성을 들을 수 있도록, 그리하여 당신을 찬미하는 노래 부르며 살 수 있도록 하느님은 우리의 입을 봉하시어 벙어리가 되게 하신다.

아담과 하와와 나 그리고 너

 아담과 하와는 오늘을 살아가는 지금의 나고 너다. 나와 너는 처음부터 하느님의 모습에 따라 빚어진 아담과 하와로서 하느님의 복을 받으며 낙원에 탄생한 존재들이다(창세 1,27-28). 하느님께서는 "세상 창조 이전에 그리스도 안에서 우리를 선택하시어, 우리가 당신 앞에서 거룩하고 흠 없는 사람이 되게 해 주셨습니다."(에페 1,4)

 그런데 지금 세상을 살아가는 나와 너는 거룩하거나 흠 없는 모습이 아니다. 하느님께서 내 존재 깊은 곳에 불어넣어 주신 그분의 숨결을 느끼지 못하고 살기 때문이다. 내 거친 숨을 죽이고 조용히 자신을 비우면 천지창조 때 하느님께서 우리에게 불어넣어주신 생명을 느낄 수 있을 것이다.

 바오로 사도는 이 느낌이 그리스도의 죽음으로 말미암아 우리에게 가능하게 되었다고 역설한다. "우리는 그리스도 안에서, 그리스도의 피를 통하여 속량을, 곧 죄의 용서를 받았습니다."(에페 1,7) 죄에서 용서받았다는 것은 우리의 거친 숨 때문에 자신을 비우지 못한 죄에서 구출되었음을 암시한다. 그것은 인간 본래의 모습으로 돌아가는 것이다. 그리스도의 피 흘림과 희생에 동참함으로써 우리는 천지창조 때 빚어진 본래의 모습으로 돌아가 하느님의 숨을 쉬며 다시 살아나게 될 것이다.

잃다

인생이란 잃음의 연속이다. 태어날 때 어머니의 자궁에서 누리던 안전을 잃고, 죽을 때 그동안 모아두었던 모든 것을 잃는다. 그런데도 인간은 자기가 태어나지 않은 것처럼 죽지 않을 것처럼 아무 것도 잃으려고 하지 않는다. 인생은 잃음을 몸에 익힐 때 완성된다. 잃음을 몸에 익혀라. 목숨을 얻으려는 자는 잃을 것이요 잃는 자는 얻을 것이다.

착하신 하느님

우리는 하느님은 선하신데 세상은 왜 이리 악한가 하고 묻는 것에 익숙하다. 그리하여 악의 탓을 아담의 범죄로, 조상 탓으로 돌리며 아담으로 말미암아 나쁘게 된 세상을 원상으로 회복하는 것을 우리의 과제로 삼으려고 한다. 하지만 이런 사고는 인간에게 끊임없이 좌절을 안겨주며 인간을 더욱 죄인으로 만들 뿐이다. 아담이 최초에 지은 죄도 핑계를 대며 자기의 잘못을 하와에게 전가하는 것이었다.

선과 악을 인간의 얕은 사고로 분석하려 들지 마라. 우리가 악하다고 생각하는 것 그 안에도 와 계시는 하느님의 선하심을 보도록 하라. 하느님의 선하심 안에서 세상과 사물을 보도록 하라. 세상과 사물을 사랑하지 않을 수 없을 것이다.

나는 때때로 악하지만, 그럼에도 불구하고 여전히 내가 하느님의 선한 창조물임을 안다. 남 보기에 악한 나도 착하신 하느님의 선한 창조물이며, 내가 보기에 악한 저 사람도 착하신 하느님의 선한 피조물이다. 하느님은 그렇게 선하신 분이다. 나와 너, 그렇게 우리 모든 이들 안에 와 계시는 하느님은 선 자체이시다. 선하지 않고서는 악한 내 안에 현존하실 수 없다. 사랑이지 않고서는 고통 안에 현존하실 수 없다. 선하신 그분이 너와 나를 창조하신 후 보시니 좋았다고 말씀하신다. 내가 보기에 악한 것도 사실은 하느님의 좋은 피조물이다.

 2~3세기 영지주의자들은 하느님의 이런 마음을 보지 못하였다. 그들은 악한 세상은 하느님이 아니라 악마가 창조했다고 보면서 창조설을 거부하기까지 했다. 악한 세상과 선하다고 여기는 자신들을 구분하려고 했던 것이다.

 하느님께서 세상을 창조하시고 나서 보시니 좋았다고 하신 데서 우리는 세상을 창조하시는 하느님의 좋은 마음을 볼 수 있어야 한다. 모든 것은 하느님의 착한 마음에서 나오는 것임을 볼 수 있어야 한다. 행도 불행도 병도 건강도 부도 가난도 이렇게 볼 수 있을 때 나는 어떤 상황에서도 좋은 사람이 될 것이다. 좋은 세상을 창조해 나갈 수 있을 것이다.

전능하신 창조주 하느님,
저를 내신 당신 이름 부르며 당신을 찬양하지만
제 마음 아직 온전히 당신을 향하지 못합니다.
당신이 계신 천국을 그리면서 저만의 천국을 그립니다.
생명의 하느님이라 당신을 부르면서
나만의 생명을 생각하고 나만의 영생을 꿈꿉니다.
사랑의 하느님이라 당신을 부르면서
나만 사랑 받기를 갈망합니다.
남을 사랑하지 못합니다.
거룩하신 하느님이라 당신을 부르면서
나만의 영광을 생각합니다.

내가 부르는 건 당신이 아닙니다.
당신 이름 부르며 나의 생각에 매달립니다.
그런데도 당신은 당신 아닌 당신을 당신이라 부르는
저의 소리 외면하지 않으시고
제 마음에 들어오십니다.
어리석은 하느님,
착하신 하느님,
사랑의 하느님.
당신의 이름 하나 옳게 부르지 못하는 저희 불쌍한 인간이오나
저희에게 자비를 베푸소서.

창조

하느님께서는 세상을 선하게 창조하셨다. 그런데 우리의 눈에는 세상이 선하게만 보이지 않는다. 악한 사람도 많고 보기 싫은 사람도 많다. 사방에 나를 괴롭히고 상처를 주려는 사람들이 깔려 있다. 때로는 온 세상이 부정하고 악하게 보이기까지 한다. 내 눈에 악하게 보이는 것이 하느님께는 선하게 보일까? 내 눈에는 악하게 보이는 세상이 하느님께는 여전히 좋은 피조물일까? 이런 생각을 하다보면 창조주 하느님께 영광을 드린다는 것이 어불성설이고 불가능하게까지 여겨진다.

창조주 하느님께 영광을 드리는 것은 내가 하느님의 창조물임을 깨달을 때 가능하다. 그때 나는 하느님처럼 나의 눈이 아니라 하느님의 창조하시는 눈으로 세상을 바라보고, 하느님의 창조하시는 손으로 세상을 어루만질 수 있을 것이다. 그리고 그렇게 영광을 드릴 수 있을 것이다. 온 세상이 자기의 존재로 창조주 하느님을 찬양하고 있음을 보게 될 것이다. 세상을 통째로 집어삼킬 듯 집채만 한 파도와 거친 폭풍우, 추위도 더위도 하느님을 찬양하고 있음을 알게 될 것이다. 십자가에서 숨을 거두신 그분의 마지막 숨이 하느님을 찬양하는 소리임을 알게 될 것이다. 세상의 모든 소리에서 찬양의 소리를 듣지 못하고 나의 감정에 따라 내 감정의 소리만을 낸다면, 창조주 하느님을 향하여 "당신은 더 이상 창조주 하느님이 아니오"하고 도전하는 것이나 마찬가지이리라.

선하신 하느님께서 창조하신 피조물은 선하다. "하느님께서 보시니 좋았다."고 창세기 저자가 기록한 말은 진실이다.

하느님의 창조물로서 창조의 시선으로 사물과 사람을 보도록 하라. 거기서 창조하시는 하느님의 선한 마음을 느끼고 자기 몸에서 이를 느낄 수 있도록 하라. 그런 눈과 마음으로 세상을 바라보고 그런 손길로 세상을 어루만져주어라. 내 눈에 악하게 보이는 것도 그 깊은 곳에는 하느님의 선한 창조 사업이 멈추지 않고 계속되고 있음을 보고 느끼도록 하여라.

선악과

언뜻 보기에 선과 악, 성과 속을 구분하는 것이 그리스도교의 근본 가르침처럼 보이나 정작 성경은 이분법적인 사고를 철저히 배격한다. 성경은 착한 사람 상주고 악한 사람 벌주는 상선벌악의 사고를 모른다. 그리스도교의 하느님은 선한 사람에게나 악한 사람에게나 모두에게 햇빛을 주시는 자비로운 분이다.(마태 5,45) 예수님은 선한 사람뿐 아니라 악한 사람 안에도 하느님 나라가 와 있다는 복음을 선포하셨다.

세상의 창조는 하느님의 선한 마음에서 나오며 선한 마음이란 선과 악을 초월한 마음이다. 하느님께서 에덴동산에 선과 악을 가리는 나무(지선악수)를 심어놓으시고 그 열매를 따먹지 말라고 하신 것에서 하느님의 선한 창조적인 마음을 읽을 수 있다.

하느님께서 아담과 하와에게 지선악수를 따먹지 말라고 명령하신 것은 선과 악을 가리는 마음으로는 하느님을 만날 수 없으며, 하느님의 창조물을 있는 그대로 대할 수 없고, 하느님의 창조물로 살 수 없을 뿐만 아니라 하느님의 창조사업을 계속할 수 없다는 것을 선언하고 있다. 뿐만 아니라 선악을 따지는 마음은 창조에 파괴를 가져오며 인간을 죽음으로 이끈다는 것을 강력하게 선언하고 있다. "선과 악을 알게 하는 나무에서는 따 먹으면 안 된다. 그 열매를 따 먹는 날, 너는 반드시 죽을 것이다."(창세 2,17)

하지만 아담과 하와는 유혹에 넘어가 사과를 따 먹었다. 선과 악을 가리기 시작한 것이다. 그 결과는 하느님께서 말씀하신 대로 죽음이었다. 선과 악을 구분하는 마음을 없앨 때 인간은 자기의 창조주 하느님을 닮게 된다. 자기가 누군지 비로소 알게 된다. 하느님처럼 너그러운 사람이 된다. 인생을 신비롭게 살아라.

***

사람들은 하느님께서 세상과 인간을 선하게 창조하셨다는데, 세상에는 어찌하여 악한 인간이 판을 치는가 하고 묻는다. 이런 물음은 인간이 죄의 상태에서 태어났다고 본 아우구스티누스의 영향을 많이 받은 것이기도 하다. 성경은 신정론적인 질문을 무시한다. 오히려 이런 악한 세상 안에도 현존하시는 하느님의 무한한 사랑을 느끼게 해주려고 한다. 성경은 인간의 실존 상황과 이 상황에도 끊임없이 선하게 관계하시는 하느님에 관심을 보인다. 때문에 성경은 인간의 비참한 상황을 아담의 범죄 탓으로 돌리지 않는다. 성경의 원초적인 뜻에 따라 오늘날 신학도 "원죄보다는 인간의 신비에 담겨 있는 신의 이미지를 차라리 강조한다." "인간은 온전히 선하거나 악하지 않다. …… 인간은 신 또는 하늘의 선의의 창조물이기는 하나 그럼에도 불구하고 그 구체적인 행동에서 비인도적인 행위를 자행할 수 있다."(한스 큉)

자궁의 자비

낮과 밤, 하늘과 땅, 해와 달과 별, 풀과 나무와 꽃, 물고기와 날짐승, 길짐승과 들짐승 그리고 인간, 모두가 하느님 보시기에 좋았다. 만물은 그분의 선한 자궁에서 창조되었다. 선의 자궁 안에서는 선과 악, 옳음과 그름, 안과 밖, 위와 아래의 이분법이 존재할 수 없다.

선은 만물의 기원이고 만물은 선한 하느님의 자궁에서 창조되었다. 인간은 만물을 선하게 보는 하느님의 눈과 하느님의 창조를 재창조하는 자궁을 부여받아 태어났다. 선한 인간은 자기가 대하는 만물 또한 자기처럼 선한 존재로 빚어지고, 하느님의 선한 창조를 재창조하는 선의 자궁으로 창조되었음을 안다. 선한 자는 하느님처럼 창조적이다. 그는 하느님처럼 자비롭다.

좋은 세상

하느님이 선하신 것은, 착한 사람 나쁜 사람 가리지 않고 모두에게 햇빛과 비를 내려주시는 자비에서 느낄 수 있다. 인간들이 보기에는 악하고 저주스런 세상이라도 그분 보시기에는 좋은 것이다. 그분은 세상을 좋게 창조하셨다.

나같이 못난 인간을 창조하시고
그분은 말씀하신다.
"보니 좋더라."

나보기에 지저분하고 더러운 세상을 창조하시고
그분은 말씀하신다.
"보니 좋더라."

들짐승과 울어대는 까마귀 새끼를 창조하시고
그분은 말씀하신다.
"보니 좋더라."

그렇게 어둠을, 밤을, 고독을 창조하시고
그분은 말씀하신다.
"보니 좋더라."

물이 좋은 것은 자기에게 고마움을 표시하는 사람만이 아니라 자기를 마구 오염시키는 사람에게도 자기를 선사하기 때문이다. 선함이 생명을 살린다. 세상이 좋은 것은 자기를 좋아하는 사람만이 아니라 자기를 싫다고 혐오하는 사람까지도 살도록 내버려두기 때문이다. 세상이 살기 싫다, 떠나고 싶다고 말하는 사람도 정작 죽을 때가 되면 세상에 애착을 보이며 떠나기 싫어하는 것은 세상이 좋기 때문이다.

하느님처럼, 물처럼, 바람처럼, 선악을 초월하여 모두를 가슴에 품으며 살고 싶다. "왜 악인이 살도록 내버려두는가? 왜 악인에게 천벌을 내리지 않는가?" 하고 불평을 토로하는 대신 "보니 좋더라" 하시며 모든 것 안에 유유자적 현존하시는 하느님처럼 살고 싶다. "보니 좋더라"는 말이 늘 내 입에서 흘러나오게 하며 살고 싶다. 그렇게 살고 싶다.

꼽추와 욥

한 사람이 꼽추를 방문했다. 꼽추는 방문객을 보자 자기를 창조한 조물주를 찬양했다. "나를 요 모양 요 꼴로 만든 조물주는 위대하다. 나는 심한 꼽추가 되어 오장이 머리 위에 있고, 턱이 배꼽 위에 놓이고, 어깨는 목덜미 위로 올라 와 있고, 정수리는 헐어 하늘을 쳐다보게 될 것이다." 장자에 나오는 이야기이다.

구약의 욥은 재물과 자녀들을 하루아침에 다 잃고 하느님을 찬양한다. "알몸으로 어머니 배에서 나온 이 몸 알몸으로 그리 돌아가리라. 주님께서 주셨다가 주님께서 가져가시니 주님의 이름은 찬미받으소서."(욥 1,21)

사탄이 욥을 발바닥에서 머리 꼭대기까지 고약한 부스럼으로 쳤을 때 욥은 잿더미 속에 앉아 하느님의 창조적 힘을 찬양하였다. "우리가 하느님에게서 좋은 것을 받는다면, 나쁜 것도 받아들여야 하지 않겠소?"(욥 2,10)

저에게 부와 명예와 건강과 행복을 허락하신 하느님 찬미 받으소서.
저에게서 부와 명예와 건강을 도로 거두시고
가난하고 병들게 하시고
수치를 당하게 하신 창조주 하느님 찬미 받으소서.

여자의 운명 아담의 운명

선하신 하느님께서 아담 혼자 있는 것이 외롭게 보여 그에게 알맞은 협력자를 만들어 주리라 생각하시고 아담을 잠들게 한 후 그의 갈빗대를 하나 뽑아 하와를 지어내셨다. 창세기에 나오는 이야기이다.(창세 2,18-25) 여기서 협력자를 말하는 히브리어 '체자에르'는 여성이 아닌 남성 보통명사로서 '신적 도움'을 의미한다. 하와는 아담의 혼자 있는 심심함을 달래주는 놀이상대가 아니라 아담이 자기 자신을 발견하는 '신적 도움'으로 창조된 것이다.

하느님께서는 아담(사람)이 자기가 누군지 알아보게 하시려고 아담과 똑같은 흙으로 빚어진 협력자를 모든 생명의 어머니(하와)로 지으시어 아담에게 데려가 둘이 결합하게 해주셨다. 뱀과 이야기하고, 유혹에 빠지고, 자기를 변명하고, 해산의 진통을 겪어야 하는 하와의 일생과 운명이 하느님의 창조 안에서 이루어졌으며, 인간은 이 여자의 일생을 통해 태어난다. 여자의 운명은 남자만이 아니라 모든 인간의 운명이다. 그렇게 하느님은 사람을 남자와 여자로 창조하셨다. 여자를 자기의 협력자로 사랑하는 것은 진통을 겪는 여자의 일생과 운명을 인류의 운명으로 받아들이며 사랑하는 것이다.

알파요 오메가

하느님의 창조는 '없던 것'을 새로 만들어내신 것이 아니라 텅 빈 공간(無)에 당신의 존재를 드러내신 것이다. 하느님께서 무에서 세상을 창조하셨다는 것은 세상 안에 당신의 신성을 드러내셨음을 뜻한다. 세상은 하느님께서 당신 자신을 숨기신 신성한 곳이다. 사전이 정의하듯 전에 없던 것을 새로 만들어낸다는 뜻의 창조란 없다. 만들어진 것은 시작이 있고 시작이 있는 것은 끝이 있기 마련이지만, 하느님의 창조는 영원하다. 예수님은 창조되지 아니한 하느님의 창조물이며, 그런 존재로서 신적인 존재이다.

하느님의 창조물인 우리 또한 20세기에 태어나 잠시 살다가 사라지는 존재에 그치지 않고 하느님의 무 안에 창조된, 창조 이전부터 하느님 안에 있어온 존재이다. 우리는 창조된 후 일정 기간을 살다가 사라지는 존재가 아니라 하느님의 창조 안에서 영원을 향하여 창조되어가는 영원한 존재이다. 우리는 단순히 과거의 한 시점이 될 수 없는 하느님의 영원한 현재 안에서 살아가는 존재인 것이다. 하느님은 나보다 더 내게 가까우시며, 나보다 더 나이신 분이다. 신비가들이 인생에는 탄생도 죽음도 없다고 한 것은 이런 진리를 통찰한 데서 나온 것이다.

요한은 이런 통찰에 근거하여 예수님을 알파요 오메가라고 표현한다. 시작이면서 끝이기에 그분에게는 시작도 끝도 없다는 말이다. 예수님에 관한 이 말은 우리 모두에 해당한다. 예수님은 우리 인생의 출발점이요 목표점이다. 우리는 그분을 통하여 그분과 함께 그분 안에서 숨 쉬며 살아가는 존재이다. 그분 없이 우리는 아무 것도 아니다.

하느님을 닮은 사람

하느님께서 하늘과 땅과 바다와 온갖 생명체를 만드시고 나서 말씀하신다. "우리와 비슷하게 우리 모습으로 사람을 만들자." (창세 1,26) 하느님은 인간을 당신 모습을 닮은 존재로 만드셨다. 한처음에 하늘과 땅을 창조하신 분, "빛이 생겨라" 말씀하시고 어둠에 빛이 스며들게 하신 분, 낮과 밤, 빛과 어둠을 좋게 보시는 분, 하늘과 땅과 바다를 만드시고 "땅은 푸른 싹을 돋게 하여라." 말씀하시고 하늘과 땅과 바다의 짐승을 만드시고 모두에게 복을 내리신 분이 인간을 지으셨다. 당신의 모습대로. 세상을 창조하시는 하느님의 이 모습이 인간의 모습이다. 하느님을 닮은 인간! 세상을 닮은 인간! 하늘과 땅과 바다와 빛과 어둠과 온갖 생명체를 닮은 인간!

아버지와 어린이

 예수님께서는 우리로 하여금 하느님을 아버지라고 부르게 하셨다. 하느님을 아버지라 부른다면 우리는 하느님의 자녀다. 그러나 하느님을 아버지라고 부르면서 아버지처럼 느끼는가? 육친의 아버지한테서 느끼는 감정을 가지는가? 하느님을 아버지라 부르는 것은 교회가 그렇게 부르라고 가르치기 때문은 아닌가? 하느님이 내게 아버지이신 것은 그저 교회가 가르쳐준 나의 언어 습관을 따른 것일 뿐 그 이상도 이하도 아닌 것은 아닌가? 하느님을 아버지라고 부르면서도 우리는 어린이가 아닌 어른으로 굳어져 있는 것은 아닌가?
 순진함과 순수성이 사라진 영악한 어린이는 이 시대가 안고 있는 불행의 상징이다. 어린아이가 사라져가는 세상에 하느님을 진정 아버지라고 부르는 날이 우리에게 오기를 빌어본다. 하느님을 아버지라고 부르는 것이 습관이나 철학에서 나온 것이 아니길 빌어본다. 어린아이만이 하느님의 나라를 차지할 수 있다.

영광 1

창조주 하느님은 '영광의 왕'이시다. 야훼의 영광이 '온 땅에 가득하다.'(시편 24,8) "하늘은 하느님의 영광을 이야기하고, 창공은 그분 손의 솜씨를 알려준다."(시편 19,2) 아들은 하느님의 영광을 드러내는 찬란한 빛이며(히브 1,3), 종말에 그리스도는 아버지의 영광에 싸여 올 것이고(마르 8,38), 그리스도를 따르는 사람은 그리스도의 영광을 나누어 받게 될 것이다. 요한은 그리스도가 우리와 함께 계시기에 "그분의 충만함에서 우리 모두 은총에 은총을 받았다."(요한 1,16)고 선언하고, 바오로는 우리가 주님의 영광을 비춘다고 감격스럽게 말한다. "우리는 모두 너울을 벗은 얼굴로 주님의 영광을 거울로 보듯 어렴풋이 바라보면서, 더욱더 영광스럽게 그분과 같은 모습으로 바뀌어 갑니다. 이는 영이신 주님께서 이루시는 일입니다."(2코린 3,18)

온 창조가 하느님의 영광을 선포하고 하느님께 영광을 돌려드린다.

영광이 성부와 성자와 성령께!

눈높이

아들이 아버지의 눈높이에 맞추어 인생을 살 수 없다. 어린이가 어른의 눈높이에 맞추어 행동할 수 없고, 학생이 선생의 눈높이에 맞추어 사고할 수 없다. 물이 위에서 아래로 흐르듯 윗사람이 아랫사람의 눈높이에 맞추어야 한다. 나은 사람이 못난 사람의 눈높이에 맞추어야 한다. 하지만 모두가 눈높이에 맞추는 삶을 살지는 못한다. 어른이 어른의 눈을 가지지 못할 때 어른은 어린이의 눈높이로 내려올 수 없다. 선생이 선생의 눈을 가지지 못할 때 선생은 학생의 눈높이로 내려올 수 없다. 윗사람이 윗사람답지 못할 때 아래로 내려와 아랫사람의 눈높이에 맞출 수 없다. 자기를 볼 수 있는 사람만이, 삶을 통달한 사람만이 상대의 눈높이로 내려와 상대처럼 살 수 있다. 보아도 보지 못하는 눈으로는 눈높이의 삶을 살 수 없다. 예수님께서 어린아이와 같이 되지 않으면 천국에 들 수 없다고 말씀하신다면 복음의 진리를 깨달은 자만이 어린이의 눈높이에 맞춘 순진한 삶을 살 수 있다는 것을 암시한다.

우리의 주변에는 예수님의 복음을 깨닫지 못했으면서도 깨달은 척, 어린이가 되지 못했으면서도 순진한 척 예수님을 흉내 내고 어린이를 흉내 내는 위선자들이 많다. 선생을 흉내 내고 아버지를 흉내 내는 사람들이 많다. 그들의 눈높이는 위선이요 교만일 뿐이다.

시간과 영원

사랑할 때 가장 절실하게 느끼는 것은 무엇일까? 시간이 아닐까? 시간이 멈추어 영원히 머물기를 바라는 마음. 사랑하는 사람에게는 시간이 영원이다. 영원은 사랑의 첫 작품이다.

사랑하는 사람에게는 시간의 흐름이나 속도, 그 장단이 새롭게 체험된다. 만남의 시간이 너무 빨리 지나가는가 하면, 기다림의 시간이 너무 길기도 하고, 헤어짐 앞에서 시간이 쏜살같기도 하다. 사랑은 시간을 느끼게 한다.

창세기 저자는 시간을 하느님의 첫 창조물로 관찰하고 있다. 하느님을 사랑으로 체험하였기 때문일 것이다. "하느님께서 '빛이 생겨라 하시자' 빛이 생겨났다. 빛과 함께 어둠이 창조되었다." 빛과 어둠, 낮과 밤의 바뀜은 인간에게 시간을 알린다. 하느님의 시간으로 들어가는 사람만이 밤낮을 영원처럼, 천년을 하루처럼 살 것이다. 영원한 현재를 영원히 사랑하며 살 것이다.

시간

우리의 하루는 시간에 대한 물음으로 가득 차 있다. 몇 시에 시작하느냐, 몇 시에 끝나느냐, 밥은 몇 시에 먹느냐, 몇 시에 자느냐, 몇 시에 올래? 몇 시에 만날까? 시간 있어? 현대인에게 시간을 묻지 않고 산다는 것은 불가능한 일이 되었다. 시간을 확인하며 시간을 맞추기 위해 노심초사하고, 지켜지지 않는 시간에 대해서는 때로 분노까지 하게 되었다.

시 분 초를 구분하여 알리는 시계가 없었던 옛날, 해와 달, 별과 구름, 하늘과 바람, 나무와 새들에게 시간을 묻던 시절에는 생각도 할 수 없던 조바심이고, 하늘과 해와 달이 자연의 시간을 알려주며 인생 또한 시간과 함께 흘러가던 시절에는 볼 수 없던 짜증이다. 시간이 돈이 된 지금은 예나 지금이나 똑같을 시간을 보내면서도 시간에 쫓기며 더는 여유를 즐길 수 없게 되어버린 것이다.

"시간을 느끼면서 인간은 자기 자신을 과거나 미래 속으로 내던지게 된다. 거기에서 고통이 온다. 그 고통은 우리가 현재 속에 살 때에만 사라진다. 왜냐하면 현재는 영원한 순간이기 때문이다."
(피에르 라비, 42)

인간은 "시간은 지나가는 것이며, 우리는 그것이 지나가는 것을 바라보면서 정지해 있다"고 생각한다. 여기에 대해 아프리카인들에게 물으면 그들은 이렇게 대답한다. "그렇지 않다. 지나가는 것은 시간이 아니라 바로 우리들이다."(피에르 라비, 199)

구약의 설교자에게서 시간을 흘려보내는 법을 배운다. 여유를 배운다. 즐김을 배운다.

"하늘 아래 모든 것에는 시기가 있고 모든 일에는 때가 있다. 태어날 때가 있고 죽을 때가 있으며 심을 때가 있고 심긴 것을 뽑을 때가 있다. 죽일 때가 있고 고칠 때가 있으며 부술 때가 있고 지을 때가 있다. 울 때가 있고 웃을 때가 있으며 슬퍼할 때가 있고 기뻐 뛸 때가 있다. 돌을 던질 때가 있고 돌을 모을 때가 있으며 껴안을 때가 있고 떨어질 때가 있다. 찾을 때가 있고 잃을 때가 있으며 간직할 때가 있고 던져 버릴 때가 있다. 찢을 때가 있고 꿰맬 때가 있으며 침묵할 때가 있고 말할 때가 있다. 사랑할 때가 있고 미워할 때가 있으며 전쟁의 때가 있고 평화의 때가 있다."(코헬 3,1-8)

"나는 죽이기도 하고 살리기도 한다. 나는 치기도 하고 고쳐 주기도 한다."(신명 32,39)

시간의 흐름에 자신을 맡겨라. 태어나고 죽는 것은 사람의 의지와는 상관없이 일어나는 일이다. 인위적으로 시간과 장소까지 옮겨가며 출산하고 죽으려는 인간, 자기만의 시간을 믿고 사는 인간의 미래는 어떻게 펼쳐질까? 영광은 하느님의 시간 안에서만 드러날 것이다. 예수님은 하느님의 시간 안에서 하느님의 영광과 자신의 영광을 드러내며 돌아가셨다. "하실 수만 있으면 그 시간이 당신을 비켜 가게 해 주십사고"(마르 14,35) 기도하시던 그분께서 이렇게 말씀하신다. "아버지, 때가 왔습니다. 아들이 아버지를 영광스럽게 하도록 아버지의 아들을 영광스럽게 해 주십시오."(요한 17,1)

사랑하는 사람

한없이 넓게 펼쳐진 바다와 들판이 '달리' 보인다면, 당신은 사랑하고 있다. 하늘이 더없이 높고 푸르고, 흰 구름이 더없이 사랑스런 그림을 그리고, 바람소리 새소리가 더없이 정겹게 귀를 간질이고, 밤하늘에 총총한 별들과 달빛이 더없이 정다운 노래를 불러주고, 고요한 바다에 은빛 파도가 더없이 감미로운 소리로 당신에게 다가온다면, 당신은 사랑하고 있는 것이다. 사랑은 모든 것을 다시 보게 한다.

사랑은 당신을 시간 전으로, 영원으로 안내한다. 영원으로부터 와서 영원으로 가는 현재를 체험하게 해준다. 영원 안에서 사물을 바라보게 해준다. 사랑할 때 당신은 당신이 천 년 전, 아니 태초의 천지 창조 시간으로 거슬러 올라가 하느님으로부터 뽑히어 존재로 불리었음을 깨닫게 된다(에페 1,4). 그분의 품을 느끼며 만나는 모든 것들이 태초의 의미를 가지고 당신에게 다가옴을 온 몸으로 느끼게 된다. 어찌 푸른 하늘과 흰 구름, 바람과 은은한 달빛뿐이겠는가. 번개와 우박, 눈과 안개, 이 산 저 산 모든 언덕, 들짐승과 길짐승, 처녀 총각 늙은이 어린이 할 것 없이(시편 148), 땅이며 그 안에 가득 찬 모든 것의 소리가 주님을 찬양하는 소리로 들려온다.

영원에 대한 '인간'의 이야기가 허무한 것임을 알게 될 때, 시간이 과거로 흘러감을 느낄 때, 인간의 사랑을 과거로 만드는 시간을 느낄 때, 당신은 비로소 태초의 그 사랑을 향하여 당신의 마음을 열고 있는 것이다. 세상을 달리 보게 하는 사랑이 있음을 깨닫기 시작하는 것이다.

기다림

　기다릴 줄 아는 사람에게 시간은 온통 기다리는 사람으로 채워진다. 그가 대하는 공간 또한 기다리는 사람의 체취로 가득 찬다. 기다리는 사람과 함께 했던 과거의 시간은 그저 흘러간 시간이 아니요, 그와 함께 했던 공간과 도시도 그저 빈 공간, 그냥 모르는 도시가 아니다. 매 시간 매 공간에서 그를 느끼기 때문이다.

　그리움을 가지고 기다릴 줄 아는 사람은 현재 당하는 아픔 뒤에 감추어 있는 기쁨을 맛본다. 기다릴 줄 아는 사람에겐 절망과 좌절은 물론 불안과 불평이 사랑과 희망 안에 감싸여 있다. 그는 시공의 한계를 초월하여 살기 때문이다. 기다림의 이런 상황을 뉴엔은 『고독』이라는 소책자에서 다음과 같이 적절하게 표현한다. 기다리는 사람에게는 "처음에는 방해물로 보이던 것이 곧 길이 되고, 벽처럼 보이던 것이 문이 되며, 맞지 않는 것 같던 돌덩이가 머릿돌이 된다." "우연히 일어나는 많은 사건은 우리의 계획을 방해하는 장애물이 아니라 하느님이 우리 마음을 가다듬어 오시는 하느님을 맞이할 수 있도록 준비시켜주는 길이라는 것을 깨닫게 되는 순간이다." "잘 세워 놓은 계획이 불순한 일기로 허물어졌을 때, 평탄하던 장래가 질병이나 우연한 불행으로 중단되었을 때, 잔잔하던 마음이 내면의 갈등으로 흐트러졌을 때, 평화를 바라는 염원이 새로운 전쟁으로 무산되었을 때, …… 영원을 향하는 우리의 갈망이 죽음으로 좌절되고 말 때, 우리는 모두 심신을 마비시키는 권태감이나 파괴적인 원한의 감정에로 빠져들기 쉽다. 그러나 인내는 희망을 성장시킨다는 것을 믿게 될 때, 운명이라고 믿었던 것을 천직으로 바꿀 수 있고, 아픈 상처를 더 깊은 이해를 북돋아 주는 기회로 승화시킬 수 있으며, 슬픔을 기쁨의 원천으로 돌릴 수 있다."

  불행한 일의 이면에는 불행만이 똬리를 틀고 있는 것이 아니라 어떤 약속이 숨어 있다. 기다릴 줄 아는 사람은 불행에 좌절하기 전에 그 이면에 숨어 있는 하느님의 약속을 느낀다. 아브라함이 그랬다. 고향을 떠나야 했을 때도, 나이가 많도록 후사가 없었을 때도 그는 그 일 뒤에 숨어 있는 하느님의 약속을 감지하려고 노력했다. 그날이 오기를 그는 믿음으로 기다렸다. 그 믿음으로 그는 용기와 희망을 가지고 하느님이 명한 대로 땅을 떠나고, 하늘의 별을 보며 후손을 생각했다. 기다리는 사람은 당면한 고통을 피하는 데에만 급급하지 않는다. 고통이 자기의 삶에 무엇을 약속하고자 하는 것인지 고통의 마음을 읽으려고 한다. "이처럼 너희도 지금은 근심에 싸여 있다. 그러나 내가 너희를 다시 보게 되면 너희 마음이 기뻐할 것이고, 그 기쁨을 아무도 너희에게서 빼앗지 못할 것이다"(요한 16,22)

빈 공간

예수님께서 세상을 떠나시기 하루 전 제자들에게 말씀하신다. "조금 있으면 너희는 나를 더 이상 보지 못할 것이다. 그러나 다시 조금 더 있으면 나를 보게 될 것이다." 그러자 제자들이 서로 말한다. "'조금 있으면' 이라고 말씀하시는데, 그것이 무슨 뜻일까?"(요한 16,17-18) "조금만 있으면 너희는 나를 보지 못할 것이다." 라는 말씀은 기회 있을 때마다 당신의 죽음을 예고하셨지만 이를 알아채지 못하는 제자들을 향하여 하신 말씀이다. 주님의 죽음을 깨닫지 못한 제자들은 그분이 붙잡히면 다 도망치고 말 것이다. 그런 상황에서 예수님께서는 "다시 조금 더 있으면 나를 보게 될 것이다."는 말씀으로 여운을 남기신다.

이 말씀을 하시기 바로 전에 그분은 말씀하신다. "이제 나는 나를 보내신 분께 간다."(요한 16,5) 당신이 없는 빈 공간. 예수님은 감으로써 제자들에게 빈 공간을 창조하여 주신다. 그 빈 공간에서 제자들은 그분의 말씀을 더욱 마음에 새기게 될 것이다. 그분이 떠나가신 빈 공간에서 그들은 다시 그분을 뵐 것이다. 그분은 그들에게 빈 공간을 만들어 주시며 그들의 마음을 점령하신다. 예수님은 그들이 당신이 떠난 빈 공간에서 당신이 가까이 있을 때는 느끼지 못했던 사랑을 느끼게 되리라 확신하신다. 과연 그들은 주님이 떠난 빈 공간에서 그분과의 관계를 더욱 깊이 느끼며 주님

현존의 기쁨을 맛보게 될 것이다. 그분의 사랑이 그들의 빈 공간을 가득 채우고 있음을 깨닫게 될 것이다.

그분은 "조금만 있으면"이라는 말씀을 하시기 전에 "내가 떠나는 것이 너희에게 이롭다. 내가 떠나지 않으면 보호자께서 너희에게 오지 않으신다."(요한 16,7) 라고 말씀하신다. 떠나 있는 동안 너희는 나를 보지 못할 것이지만 그러나 그곳에서 너희는 내가 가까이 있을 때보다 더 강하게 나를 느낄 것이라는 것이다. 떠나 있는 기간은 그래서 잠시이다. 주님께서 십자가에서 처형되시어 그들을 떠나시자 이제 그들의 눈이 뜨이게 된다. 그들은 다시 십자가로 돌아왔다. 그분께서 당신을 내어놓으신 십자가 아래로 모여들었다.

"다시 조금 더 있으면 나를 보게 될 것이다."라는 이 말씀은 제자들이 다시 시간의 벽을 넘어 십자가 아래로 모여들도록 기다려 주시는 주님의 마음이다. '조금만 있으면'이라는 말씀에는 제자들에 대한 주님의 기다림과 충실함과 인내가 감추어 있다. "지금은 너희가 내 죽음을 깨닫지 못하지만 내가 떠나면 그 빈자리에서 곧 깨닫게 될 거야." "너희들의 배반하고 좌절하는 마음 안에는 다시 내게 돌아올 수 있는 씨앗이 뿌려져 있어. 나의 영이 너를 다시 일으켜 세워 줄 거야."

주님은 인간의 마음 안에 뿌려진 씨앗을 결코 짓밟지 않으신다. 오히려 배반할 제자들을 격려하고 위로해 주신다. 실망하고 좌절에 빠진 제자들을 격려하고 위로하시는 주님은 마치 이렇게 말씀하시는 것 같다. "좋아. 인간에게는 그런 때가 있어. 잘 못할 수가 있지. 나를 배반하고 팔아먹을 수도 있어. 내 존재를 근원적으로 부정할 수도 있어. 깨달음의 삶을 산다는 것은 그리 쉬운 일이 아니야." 그래서 주님은 '조금만'이라고 하시면서 당신을 팔아넘기기 위해 방을 나가는 유다스를 내버려 두신다. 베드로가 세 번씩이나 당신을 배반하도록 내버려두신다. 제자들이 당신에게서 도망치도록 놔두신다. 주님의 이 '조금만'이 제자들의 마음 안에 작용할 때까지. 죽음을 향한 그분의 인내는 사랑의 결실을 위한 것이었다.

창공

하느님께서 "물 한가운데에 궁창이 생겨, 물과 물 사이를 갈라 놓아라." 하시자 그렇게 되었다.(창세 1,6) 하느님께서는 궁창을 하늘이라 부르셨다.(창세 1,8) 하늘은 인간의 생명이 탄생하게 될 공간이다. 그 공간은 어머니의 자궁이다. 자궁에서 태어난 인간은 하늘 같은 존재, 우주적 존재이다.

창조물

하느님께서는 사람뿐 아니라 온갖 짐승과 온갖 새들도 흙으로 빚으셨다. 흙은 단순히 무기물이 아니다. 하느님의 생명이 스며들어 있는 것으로 하느님의 생명을 비추어 준다. 하느님께서 흙으로 인간을 빚으셨다면 당신의 생명이 스며들어 있는 흙으로 인간을 빚으신 것이다. 창세기는 이를 하느님께서 흙으로 인간을 빚으시고 그 코에 당신의 생명을 불어넣어 주셨다고 표현한다. 흙으로 인간을 빚는 것과 생명을 불어 넣는 하느님의 행위는 시차를 두고 일어난 사건이 아니라 동시적인 사건이다. 하느님은 당신의 생명을 불어 넣으시며 인간을 빚으셨다.

흙으로 빚어진 인간은 하느님의 생명을 세상에 비추는 거울과 같은 존재다. 그렇게 땅에 붙어사는 온 만물은 인간처럼 하느님의 생명을 세상에 비춘다. 창조가 선하고 아름다운 것은 흙과 관련하여 이루어졌기 때문이다. 창조하는 사람만이 창조물을 선한 마음으로, 사랑으로 대할 수 있다.

하늘 땅

눈비가 내리고 바람이 불고 햇볕이 쏟아지는 땅, 씨앗이 뿌려지고 싹이 트고 꽃이 피어나고 낙엽이 떨어지는 땅, 뱀이 기어 다니고 다람쥐가 두리번거리며 이리저리 뛰노는 땅, 새들의 놀이터가 되어주는 나무들이 뿌리 내린 땅, 사랑하고 미워하며 살아가는 인간들을 차별 없이 살게 하는 땅, 영원한 생명의 원천을 느끼게 하는 어머니 땅, 인간은 이 땅에서 와서 이 땅으로 돌아간다. 하늘이 찢어지며 비둘기 모양으로 성령이 내려온 땅, 짓밟히며 단단해지는 땅, 죽어 하늘에 올라 편안히 살겠다는 생각을 묻게 하는 땅, 그 땅에 묻히며 우리는 하늘나라에 오른다. 하늘나라가 가까이 왔다. 이 땅에.

이름

모든 사물은 인간이 이름 붙여준 대로 실존하지 않는다. 돼지는 자기가 '돼지'인 줄 모르고, 장미도 자기가 '장미'인 줄 모른다. 돼지니 장미니 하는 것은 인간이 붙여준 이름일 뿐이다. 인간도 자기가 불리는 대로 실존하지 않는다. 모든 사물은 인간이 부여한 이름 이상이다.

하느님께서 흙으로 들의 온갖 짐승과 하늘의 온갖 새를 빚으신 다음, 사람에게 데려가시어 사람이 그것들에게 이름을 붙이는 영광을 주신 것(창세 2,19)은 당신이 지으신 창조물을 인간이 소중히 대하도록 하기 위해서이다. 인간은 자기가 이름을 부여한 그것들과 관계하면서 살아야 하고, 그 관계에서 자기의 정체성을 발견해야 한다. 인간은 자기가 이름 붙여준 사물을 인격적으로 대할 수 있어야 한다. 하느님은 인간이 그것들을 어떻게 부르는지 보고 계신다.

인간끼리 이름을 붙여 서로를 부를 때는 더 말할 나위 없이 인격적이어야 한다. 인간의 이름은 단순히 부르기 위한 기호를 넘어 부르는 이와 불린 이의 인격과 존재를 나타낸다. 인간은 서로 이름을 부르면서 관계가 돈독해진다. 이름을 함부로 불러서 안 되는 이유이기도 하다. 윗사람뿐 아니라 나보다 못하거나 나보다 아래에 위치한 사람의 이름도 우리는 함부로 불러서는 안 된다.

이름이 인격적으로 불리지 않는 사회는 서로에 대한 존경이나 인격에 대한 존중이 없다는 말이다. 서로에 대한 존경심으로 서로의 이름을 부르고 또 불리는 날 우리 사회는 신뢰와 사랑을 회복할 수 있을 것이다. 그때 우리 사회는 겸손하게 서로를 존경하는 사회가 될 것이다. 하느님의 이름뿐 아니라 모든 것의 이름이 거룩하게 불리는 날 인간은 제 모습대로 살 수 있을 것이다.

만물이 병을 앓고 있다. 인간이 자기가 이름 붙인 만물을 자기 마음대로 다루려 하기 때문이다. 인간의 품위는 창조의 아픔에 동참하는 일을 통해 드러난다.

정복

'정복'이라는 단어는 그리스도인이 가장 오해하는 단어 중의 하나일 것이다. "자식을 많이 낳고 번성하여 땅을 가득 채우고 지배하여라. 그리고 바다의 물고기와 하늘의 새와 땅을 기어 다니는 온갖 생물을 다스려라."(창세 1,28) 하신 성경 말씀은 인간에게 땅에 대한 통치권을 부여하시는 말씀이 아니다. 이어지는 말씀에서 보듯 이 단어는 오히려 인간이 동물들과 함께 식물들이 생산하는 열매로 살아야 함을 암시하고 있다. 자연에 대한 지배권은 "우리와 비슷하게 우리 모습으로 사람을 만들자. 그래서 그가 바다의 물고기와 하늘의 새와 집짐승과 온갖 들짐승과 땅을 기어 다니는 온갖 것을 다스리게 하자."(창세1,26) 하시는 하느님 독백에 나타나 있듯이 하느님께만 있다.

인간은 에덴동산을 정복하고 지배하는 것이 아니라 '돌보고 유지 관리' 해야 한다. 관리는 인간이 하느님 모상이기 때문에 가능하다. 최종적인 관리는 오직 하느님에게만 있으며, 인간은 하느님의 관리에 따라야 한다. 창조는 하느님의 일이며 인간은 하느님께서 창조하신 자연에 순응하며 이를 보호할 의무를 가졌다. 이런 의미에서 볼 때 자연을 벗삼아 자연을 즐기며 살았던 우리 선조들이 대대로 그리스도교인인 서양인보다 더 그리스도적이고 성경적이었다 할 수 있을 것이다.

인간은 자연과 초자연, 인간과 하느님, 범주와 초월의 원초적 관계를 인식하고 그 바탕에서 모든 사물과 자연과 인간자신을 바라보아야 한다. 자연은 초자연과의 관계에서 그 실재가 밝혀진다. 그러므로 자연과 사물을 인격적으로 대하며 존중하는 자는 종교의 극치에 이른 사람이라 할 수 있다. 세계와 자연과 인간은 하느님과 창조적 관계를 맺고 있다. 세계 본질에 대해서 이야기하려면 하느님이 이야기되어야 하고 또 하느님에 대해서 이야기하고자 하면 자기 스스로를 피조물로 이해해야 한다. 사물을 보면 하느님을 찬양하게 된다. 사물을 하느님 대하듯이 인격적으로 대하게 된다.

창조물과 창조주의 관계를 인격적 관계로 보고, 창조물 안에서 창조주를 대할 수 있을 때, 하늘과 땅이 인간을 위해 창조되었고, 인간이 '창조의 왕관'이라는 인간 중심적 세계관은 성경전통에 어긋나는 것임을 알게 된다. '창조의 왕관'은 인간이 아니라 안식일이다. 창조신앙은 인간을 현대의 인간중심적 세계관, 과학 기술 경제의 횡포에서 해방시켜줄 수 있을 것이다. 성경의 신중심적 세계상을 되찾는 것은 인간과 세계에 대한 도전이나 포기가 아니라 인간과 세계의 본모습을 발견하는 일이다. 자연은 시간외적인 것이 아니며, 정적이고 생명력 없는 것도 아니다. 그러므로 인간이 스스로 하느님께로 돌아가 자연을 신과의 창조적 관계에서 이해하도록 해야 한다.

심각한 자연환경의 오염과 그에 따른 생태계의 파괴로 인간의 생명마저 위협받는 현실에 대해 우려하는 목소리는 단순히 자연 훼손과 환경의 파괴만을 걱정하는 소리가 아니다. 그것은 인간의 삶 자체를 포함한 "모든 삶의 체계를 위협하는 경고"(몰트만)로 받아들여야 할 것이다. 자연은 단순한 자연이 아니라 신적 자연이며, 생명은 단순한 생명이 아니라 신적 생명이다. 자연은 하느님을 계시하는 장소이다. 그러므로 인간이 마음대로 파헤치고 변경하고 짓밟을 수 없다.

영광 2

예수님께서 이제 아버지의 영광을 드러낼 때가 왔다고 하신다면 당신의 죽음이 임박했음을 암시하는 것이다. 십자가가 하느님의 영광을 드러낸다. 죽음이 하느님의 영광을 드러낸다. 당신은 예수님의 십자가에서 하느님의 영광을 보는가? 그분의 비참한 죽음에서 하느님의 영광을 보는가? 그분이 하느님의 아들이기에 하느님의 영광이 보인다고? 그분이 다른 사람이었으면 보지 못했을 것이라고?

"스승님, 누가 죄를 지었기에 저이가 눈먼 사람으로 태어났습니까? 저 사람입니까, 그의 부모입니까? 예수님께서 대답하셨다. "저 사람이 죄를 지은 것도 아니고 그 부모가 죄를 지은 것도 아니다. 하느님의 일이 저 사람에게서 드러나려고 그리된 것이다."(요한 9,2-3)

아름다운 아침저녁 노을이나 들의 백합화뿐만 아니라 길가에 앉아 구걸하는 저 눈먼 사람과 길거리에서 죽음을 기다리는 저 행려병자와 그렇게 모든 피조물에서 하늘의 영광을 노래하는 소리를 들을 수 있을 때 당신은 구원에 도달하게 되리라.

평온

해뜨기 전 새벽이 신비롭고 해진 후 저녁이 평온한 것은 밤과 낮, 낮과 밤이 분명한 선을 그으며 만나지 않고 서로 스며들면서 만나기 때문이리라. 밝음과 어둠, 선과 악, 옳고 그름, 생과 사가 인생에 서로 스며들며 만날 수 있도록 인생을 비울 때, 인생은 밝아오는 동녘의 새벽하늘처럼 신비스럽다. 서쪽 하늘을 물들이는 저녁노을처럼 평온하다. 밤과 낮, 밝음과 어둠, 선과 악, 옳고 그름, 생과 사 사이에 평화스러운 스며듦이 거부당할 때 거기에 생명의 신비를 파괴하는 폭력이 발생한다.

레크리에이션

레크리에이션(recreation)은 하느님의 창조사업을 계속하는 일이다. 다시(re)와 창조(creation)로 합성된 레-크리에이션(re-creation)은 하느님께서 처음 창조하신 일을 다시-창조(재-창조)하는 일이다. 하느님께서는 한 처음 세상과 인간을 그냥 지어내시기만 한 것이 아니라 당신께서 창조하신 것을 '다시' 창조하며 발전하도록 지으셨다. 인간은 자기 몸에 하느님의 창조가 지속적으로 일어나게 해야 한다.

다시 창조하는 것은 즐거운 일이다. 하느님께서 보시니 좋았다고 감탄하신 창조사업을 즐거운 마음으로 '재창조'하는 일, 그게 레크리에이션이다. 레크리에이션은 단순히 기분을 전환시키거나 기분 나는 대로 즐기는 오락 이상이다.

인간(종교)이 레크리에이션을 잃고 창조로부터 멀어지거나 창조를 방해할 때, 재창조하는 인간(종교)이 되지 못할 때, 인간(종교)은 경직되고 남을 포용하지 못하고 너그럽지 못하며 신바람 나는 삶을 살 수 없게 된다. 다양성을 참지 못하는 폭군이 될 수도 있다. 창조할 때만 인간은 즐길 수 있고 즐길 때 인간은 창조적이 된다.

유머

남을 편안하게 웃게 하는 유머는 듣는 이의 마음을 즐겁게 한다. 내적인 평온을 즐길 줄 아는 사람에게서만 유머가 나올 수 있다. 증오에 가득 차 있고 시기질투하고 욕심 가득한 마음에서는 유머가 나오지 못한다.

유머는 창조적이다. 세상을 창조하신 하느님은 유머를 아시는 분이다. 인간의 눈에는 미와 추, 선과 악, 옳고 그름으로 확연히 구분되는 세상을 만들어 놓으시고 "보시니 좋다." "보시니 아름답다." 하시는 그분은 넘치도록 유머 감각이 풍부하시다.

하느님의 유머를 깨달은 자는 세상을 아름답게 살아간다. 하느님의 창조를 재창조하는 자는 창조하는 유머를 잊지 않는다. 유머가 있는 사회, 유머를 즐길 줄 아는 사회는 창조하는 사회다.

맛들임

산을 정복하겠다는 마음으로는 산을 즐길 수 없다. 그런 마음으로는 산을 있는 그대로 만날 수 없고 산에 자기를 기댈 수 없다. 집은 소유하기 위해서 있는 것이 아니라 잠자고 안식하고 즐기기 위해서 있다. 인간은 안식하면서 즐기고, 즐기면서 살아야 한다.

즐김은 내 주변에 널려있는 사물과 펼쳐진 환경을 하느님의 창조물로 있는 그대로 받아들이는 것이다. 따스한 햇볕과 신선한 바람, 맑은 물과 공기는 내가 소유하거나 내 기분대로 어떻게 할 수 있는 것들이 아니라 내 뜻과는 관계없이 오직 받아들일 수밖에 없는 것이다. 인간의 즐김은 하늘이 환성을 올리고 땅이 기뻐 소리치는 모습(이사 49,13)을 그대로 바라볼 때 주어진다.

신앙인은 하늘과 땅의 즐거워하는 모습을 보면서 햇빛과 공기와 물과 바람과 땅에 맛들여 사는 사람이다. 신앙인은 그분이 내신 자연 산천 온 만물에서 하느님의 음성을 들으며 즐기는 사람이다. 집도 옷도 음식도 돈도 직업도 명예도 권력도 그렇게 맛들이며 살아야 한다. 소유하려 하지 말고 즐겨야 한다. 아내도 남편도 친구도 하느님도 맛들여야 한다. 그분은 말씀하신다. 너희는 나를 맛들여라. 나를 즐겨라.

기쁨도 슬픔도 맛들여야 한다. 기쁨의 노래만이 아니라 슬픔의 '노래'도 부를 수 있어야 한다. 생로병사를 짊어진 인생을 노래할 수 있어야 한다. 자기를 빚으신 하느님과 말다툼하면서(이사 45,9) 자기만의 고집과 자기만의 맛들임에 빠져 든다면 그 인생은 비참하게 전개될 것이다. 소유를 떠나 즐기고 맛들일 때 나는 비로소 내가 살아 있다는 것을 새롭게 느낄 것이다.

노동

트로이에서 유럽으로 건너간 바오로 사도는 아테네를 거쳐 해안도시 코린토로 가서 복음을 선포한다. 그는 그곳에서 생업이 같은 동족인 아퀼라와 그의 아내 프리스킬라를 만나 그들 집에 머물며 함께 일하였다. 그들의 생업은 천막을 만드는 일이었다.(사도 18,1-3) 바오로는 천막 만드는 일을 하면서 복음 선포하는 일을 생각했다고 한다. 그에게 노동은 단순히 의식주를 해결하기 위해 물품을 생산하거나 부를 축적하고 힘과 명예를 쌓기 위한 수단을 넘어 복음을 선포하기 위한 것이었다. 부자 되고 권력과 명예를 얻기 위해서 일을 하는 것을 무시할 수는 없다. 하지만 바오로는 이런 시각을 초월하여 노동을 통해서 복음을 느끼고, 사람들에게 복음을 느끼게 하고 있다.

모든 사람에게 바오로처럼 복음을 선포하기 위해 노동하라고 할 수 없다. 시대가 이를 허락하지 않는다고 생각할 지도 모른다. 하지만 바오로는 처음부터 우리와 다른 사람이 아니었다. 그 또한 우리와 똑같은 일상을 사는 인간으로서 자기의 생업을 그리스도의 복음을 선포하는 일에 바쳤다. 우리는 우리의 노동을 통하여 그리스도의 복음을 느끼게 할 수 없을까?

우리의 노동이 오로지 재물과 명예와 권력을 쌓는 것을 목표로 한다면 우리는 돈과 노동의 노예가 되고 만다. 우리의 노동이 생산력이 부족한 인간을 무능한 인간으로 낙인찍으며 모욕한다면, 우리의 노동이 그렇게 인간에게 모욕을 당한다면 인간의 존재가치와 존엄성은 가차 없이 무너지고, 시간이 지나면서 흉물이 되어 길거리에 버려진 고물 자동차나 남몰래 갖다 버린 쓰레기와 같은 대우를 받게 될 것이다. 그런 사회는 멸망의 길에서 헤어날 수 없는 병으로 시달릴 것이다.

노동과 쉼

하느님께서도 노동을 하셨다. 한 처음에 하늘과 땅을 창조하신 일을 시작으로 시공을 창조하시고, 자연을 창조하시고, 우주를 창조하시고, 세상을 창조하시고, 온갖 짐승과 인간을 창조하셨다. 하느님이 세상을 창조하셨다는 것은 하느님의 노동은 '창조적'임을 암시한다.

창조적으로 일하시는 하느님께서 인간에게도 창조적으로 일하도록 명하셨다. "하느님께서 그들에게 복을 내리며 말씀하셨다. '자식을 많이 낳고 번성하여 땅을 가득 채우고 지배하여라. 그리고 바다의 물고기와 하늘의 새와 땅을 기어 다니는 온갖 생물을 다스려라.'"(창세 1,28) 자식을 낳고 자연을 다스리는 것은 창조적인 일이다. 그런데 시간이 흐르면서 인간은 노동의 가치를 '창조'가 아니라 '생산'에 더 두게 되었고, 마침내는 생산만을 위해 노동을 하게도 되었다. 생산한 것을 팔아서 부와 힘을 축적하고, 더 많은 부와 힘을 키우기 위해 더 많은 생산과 노동을 필요로 하고, 급기야는 남의 노동을 착취하는 일도 생겼다. 인간을 노예로 삼으면서 스스로 일의 노예가 되었다.

하느님은 피조물에서 창조하시는 당신의 영을 느끼게 해주셨다. 인간을 창조하실 때 하느님께서는 그 콧구멍에 당신의 숨을 불어 넣어주셨다. 인간만이 아니라 해와 달과 별에, 들짐승과 날짐승에, 모든 피조물에 당신의 영을 불어넣어 주시며 이들에게서 당신의 영을 느끼게 해 주셨다. 창조적인 일을 할 때 인간은 창조물에서 창조자의 숨을 느낄 수 있을 것이다. 노동은 창조적이어야 한다. 사랑을 느끼게 해주어야 한다.

하느님께서는 엿새 일하시고 이렛날 쉬셨다. 하느님의 휴식은 인간이 물질의 노예가 되지 않도록 하기 위함이기도 하다. 더 많은 생산을 하기 위해서가 아니라 창조적인 노동을 위해서, 생산이 아니라 창조를 위해서 인간은 쉬어야 한다. 창조물이 스스로 창조해 자랄 수 있도록 하느님께서 쉬신 것처럼 인간의 노동이 창조적이게 하기 위해 인간은 쉬어야 한다. 안식은 노동의 목표가 생산이 아니라 창조임을 보여 주는 무언의 사건이다. 쉼은 창조를 위한 것이다. 하느님께서 안식일에 쉬시자 모든 피조물이 스스로 창조하는 일을 계속하게 된다. 하느님은 쉬심으로 안식일만이 아니라 노동까지를 거룩하게 하셨다.

지금 우리 사회는 창조적 노동을 잃어가고 있다. 인간이 노동으로 곤욕을 치르는 것은 창조적으로 노동을 하지 못하기 때문이다. 오로지 생산하고 부자가 되고 힘을 축적하기 위한 목적만으로 노동을 하기 때문이다. 복음을 선포하는 노동, 복음의 삶을 느끼게 하는 노동을 하지 못하기 때문이다. 창조적으로 노동하는 인간은 어떤 인간이든, 일을 잘 하든 못 하든, 가난하든 부자든, 만나는 모든 사람을 존중하게 된다. 그들에게서 하느님의 창조를 보기 때문이다.

오늘날 기술정보의 사회에서도 창조적으로 노동을 할 수 있을까? 자기의 노동하는 모습으로 창조주 하느님을 느끼게 해줄 수 있을까? 우리의 노동이 하느님의 노동처럼 거룩할 수 있을까?

쉼과 여유

쉼은 노동 후의 피로를 풀기 위해 몸을 눕히거나 다음 일을 위해 힘을 비축하기 위한 여백을 넘어 인생에 여유를 선사한다. 프랑스의 농부 철학자 피에르 라비는 의미 있는 이야기를 들려준다. 어느 미국인들이 컬럼비아에 왔다가 인디언들이 보잘 것 없는 도구로 나무를 자르느라 애쓰는 것을 보고 큰 도끼를 선사하였다. 나무를 단번에 쓰러뜨릴 수 있는 매우 강력한 도끼였다. 이듬해 그 미국인들은 자기들이 준 도끼를 어떻게 쓰고 있는지 보기 위해 호기심에 차서 그 마을을 다시 방문했다. 얼굴에 가득 미소를 지으며 추장이 말했다. "우리는 당신들에게 고마움을 어떻게 표현해야 할지 모르겠다. 당신들이 우리에게 도끼를 보내준 다음부터 우리는 더 많은 휴식을 누릴 수 있었다." 이 이야기를 들려주며 라비는 말한다. "인디언들은 더 빨리 일을 끝내고 자유로운 시간을 더 많이 가진 것에 매우 만족하고 있었지만, 백인들은 더 많이 갖기 위해 더 많이 일했을 것이다. 언제나 더 많이!"

인간은 쉼을 필요로 할뿐만 아니라 쉼 자체를 인생의 목표로 삼을 수 있어야 한다. 인간이 죽음에 도달했을 때 최종적으로 들어야 할 말도 다름 아닌 "주님, 이 영혼에게 영원한 안식을 주소서"라는 말이다.

쉼은 그 자체로 창조적 생명을 가지고 있다. 하느님께서 엿새 동안 세상을 창조하시고 일곱째 날 쉬신 것은 하느님의 여유다. 세상이 꺼지지 않고 돌아가는 것은 잘 쉴 줄 아는 하느님의 여유 때문이다. 여유로운 하느님의 쉼이 있기에 계절은 알아서 꽃을 피우고 지우며, 열매 맺고 번성해 나간다. 하느님의 여유에서 창조가 이루어지고 창조가 완성된다.

러끌레르끄는 게으름을 찬양하면서 이렇게 쓴다. "아름다움이 아름다움으로 보이고 꽃을 피우게 되는 것은 뛰면서 되는 일이 아니고 군중의 소란 한가운데서 이루어지는 일도 아니고 번다한 바쁜 일들 틈바구니에서 생기는 일도 결코 아니다. 고독, 정적, 한가로움이 있고서야 탄생도 있는 법이다. 때로는 섬광 짓듯 생각이나 걸작이 피어나는 것도 이미 오래고 한가로운 잉태기가 그에 앞서 있었기 때문이다."

죽을 때의 내 얼굴은 어떤 모습을 하고 있을까? 잔잔히 흘러넘치는 여유와 평온 속에서 영원한 안식을 누리고 싶다. "주님 그에게 영원한 안식을 주소서" 하며 나의 주검 앞에서 바치는 살아 있는 자들의 기도에 맞게 안식의 얼굴로 평온히 잠들고 싶다.

쉼과 침묵

예수님께서는 복음을 전하시고, 병자를 낫게 하시고, 가난한 사람들을 위로하시면서 틈만 있으면 한적한 곳으로 옮겨 고요한 침묵 속에서 기도하며 쉬셨다. 사람들에게 용기와 희망을 주시는 그분의 힘은 이 고요한 쉼에서 나온 것이다.

쉼은 침묵 중에서 진행된다. 침묵이 깨지는 곳에는 쉼도 깨진다. 고요한 침묵, "감정의 침묵, 마음의 침묵, 몸의 침묵"(안토니 블룸) 중에 비로소 하느님의 현존이 평온하게 느껴오고 하느님의 창조가 보이기 시작한다. 예수님은 그 쉼의 장소에서 하느님을 만나고 그분의 창조물을 만나셨다.

예수님을 닮은 사람(사목자)이 되기 위해서는 쉴 줄 알아야 한다. 일이 번거로우면 번거로울수록 더욱 한가해야 하고, 틈이 없으면 없을수록 더욱 여유를 가져야 한다. 사목자가 세상과 함께 시끄럽고 번거로운 세상사에 휘말린다면, 여느 사람들과 함께 불안해하며 덤벙거린다면, 누가 세상의 빛이 되며 이 어려운 세상을 구할 수 있겠는가? 사람을 만나고 일 처리에 쫓기는 중에도 반드시 조용히 몸과 마음을 쉴 줄 알아야 한다. 침묵 속에서. 십자가 아래서 쉴 줄 모르는 사목자에게서는 사목적인 힘이 나올 수 없다.

침묵과 고요가 흐르는 십자가에서 쉼을 찾은 자의 입에서는 말이 함부로 나오지 않으며 더군다나 남에게 상처를 입히는 말이 나올 수 없다. 그에게서는 오로지 자기를 죽이는 여유와 그래서 모든 이가 쉴 수 있는 용서와 사랑이 흘러나올 뿐이다. 주님, 나를 쉬게 하여 주소서. 당신의 십자가 아래서. 침묵 속에서.

나의 쉼터는 어디인가? 나는 어디서 쉼을 찾고 있는가?

쉼터 1

 손님을 편안히 맞이하기 위해서는 손님을 잘 접대하겠다는 마음만으로는 부족하다. "집에서처럼 편히 쉬다 가세요."라는 말이 진심이기 위해서는 손님을 맞이한 집주인이 먼저 편히 쉬는 모습을 보여주어야 한다. 집주인이 분주한 모습으로 편안함을 보여주지 못하고, 자기 말만 늘어놓으며 손님의 말에 귀를 기울이지 않는다면 손님은 불안하다. 주인이 편안하게 이야기하며 자기를 들어주고, 편안하게 함께 음식을 먹는 여유를 보일 때 손님은 편안하다. 화려한 장식이나 맛있는 음식만으로는 손님을 편안하게 쉬게 할 수 없다. 편히 쉬기 위해 모은 재물과 편히 쉬기 위해 지은 집, 화려하게 차린 식탁이 오히려 무거운 분위기를 자아내며 불안감을 조성할 수 있다. 수천억의 재산을 물려받은 갑부의 딸이 편히 쉼을 얻지 못하고 스스로 생명을 끊는 집에서는 편안할 수 없다.

 예수님께서 "고생하며 무거운 짐을 진 너희는 모두 나에게 오너라. 내가 너희에게 안식을 주겠다."(마태 11,28) 하고 말씀하신다면, 당신 스스로 쉼의 인간이시기 때문이다. 이어서 "내 멍에는 편하고 내 짐은 가볍다."(마태 11,30) 하고 말씀하신다면, 쉼은 남의 멍에를 메어주는 마음에서 오기 때문이다.

 당신을 우리의 쉼터로 제공하며 쉬신 곳에 그분의 십자가가 있다. 남의 고통을 자기의 십자가로 짊어지는 자만이 남에게 쉼터를 제공할 수 있다. 남의 고통을 자기의 몸에 채우는 자만이 남을 쉬게 할 수 있다. 고통은 피한다고 피해지는 것이 아니다. 피하려고 애를 쓰면 쓸수록 더한 고통 속으로 빠져든다. 나에게 고통을 준 사람을 멀리하려고 하면 할수록 더욱 괴롭고 남을 못살게 군다.

최종적으로 당신의 몸을 나무 십자가에 붙이신 그분은 "제 영을 아버지 손에 맡깁니다." 하고 영원하신 하느님의 품에 안기셨다. 영원한 쉼이 이루어진 십자가. 그분의 마지막 쉼터. 영원한 평화와 생명이 흘러오는 십자가 그늘 아래서 쉬고 싶다.

주님은 나의 목자, 나는 아쉬울 것 없어라.
푸른 풀밭에 나를 쉬게 하시고 잔잔한 물가로 나를 이끄시어
내 영혼에 생기를 돋우어 주시고 바른길로 나를 끌어 주시니
당신의 이름 때문이어라.(시편 23,1-3)

쉼터 2

아브라함은 한창 더운 어느 날 대낮에 웬 낯선 사람 셋이 지나가는 것을 보고 뛰어 나가 맞으며 그냥 지나쳐 가지 말고 발도 씻고 나무 밑에서 쉬어 가라고 붙든다. 뿐만 아니다. 실컷 먹고 피곤을 푸신 다음에 길을 떠나라고 청을 한다.(창세 18,1-8) 그리고 손님이 먹는 동안 시중을 든다. 아브라함은 낯선 사람의 쉼터가 되어 주었다. 그리고 낯선 사람을 통해 하느님을 만났다.

피정

피정은 세상의 잡다한 일들을 잠시 내려놓고 하느님의 창조하는 거룩한 시간에 잠기는 고요의 시간이다. 피정은 고요 속에서 외로움과 위로, 무서움과 아늑함, 하느님과의 거룩한 만남을 체험하고, 이 만남을 통해 복잡한 인생에 주어진 창조 첫 순간의 의미를 발견하여 창조의 첫 순간을 향하여 살도록 이끄는 고요 속의 시간이다. 피정은 자신을 창조의 순간으로 옮겨 놓는 데 방해가 되는 재물과 빵과 권세와 명예 따위에 대한 유혹이나 하느님과 같아지고 싶은 교만 등의 요소를 이기고, 태초의 순간에 이르게 하는 훈련의 시간이다.

(인생피정에서)

이슬

"내가 이스라엘에게 이슬이 되어 주리니 이스라엘은 나리꽃처럼 피어나고 레바논처럼 뿌리를 뻗으리라."(호세 14,6)

우리는 시시때때로 하느님께 반항하며 잘못을 범하지만 하느님께서는 병든 우리 마음에 새벽이슬처럼 내리시어 어루만지고 고쳐주고 사랑하여 주신다. 우리가 다시 나리꽃처럼 피어나고 다리를 뻗게 하여주신다. "죄악은 모두 없애 주시고 좋은 것은 받아 주십시오."(호세 14,3) 하고 기도한다.

아시리아가 나를 구해줄 것이라고 믿었는데, 돈과 명예와 힘(권력)과 인기가 나를 성공으로 이끌어 행복하게 해줄 줄 알았는데, 나의 능력이, 나의 지식이 나를 행복하게 할 줄 알았는데, 그렇게 믿고 내가 하느님인 양 거칠 것 없이 굴었는데, 나는 쓰러졌고 사람들에게 정도 베풀지 못하는 메마른 존재, 못된 존재가 되었는데, 하느님께서는 나의 죄 묻지 않으시고 화내지 않으시고 불쌍히 여기시어(시편 6,1-2 공동번역) 이슬처럼 소리 없이 내리시어 내 몸을 촉촉이 적셔주신다. 생기 돋게 하여 주신다.

무덤

내 죽은 다음 내가 묻힌 무덤은 어떤 모양을 하고 있을까? 내 인생을 다 끝낸 그곳에 평소 애지중지 하던 내 몸은 썩어 사라지고 '나'는 더 이상 거기에 존재하지 않을 것이다. 내가 여태껏 한 번도 머문 적이 없는 곳, 내 삶의 흔적이란 전혀 찾아볼 수 없는 곳, 그곳 비석에 아무리 나를 기억할만한 화려한 글이 새겨진들 '내' 살아온 인생은 거기에 없다. 누가 찾아온다고 기뻐할 이 거기 없고 찾아오지 않는다고 슬퍼할 사람 그 안에 없다. '나' 없는 곳에 만든 나의 무덤과 비석은 내가 아니라 나를 찾아오는 자를 오히려 외롭게 할 뿐이다. 무덤은 내 죽고 난 뒤 내 시체를 묻어둔 곳이 아니라 내 살아 있는 동안 나의 죄스런 삶을 묻기 위해 내가 만들어야 한다.

주님, 제 인생에 저를 묻게 하여 주십시오.
제가 죽은 다음 사람들이 만든 제 무덤
주님께서 비워 주소서.
비운 곳에 살게 하여 주소서.
무덤을 인생에 만들며 살게 하여 주소서.

5

이웃과 함께하는 삶

별

아브라함은 길을 떠나며 하느님의 약속을 느꼈다. 우주를 가득 채우고 반짝이는 별을 바라보며 하느님의 창조적 손길을 느꼈다. 100세가 가깝도록 아들을 두지 못하였지만 별을 바라보며 전능하신 하느님의 창조적 힘과 사랑을 강하게 느꼈다.

수많은 별들을 창조하신 하느님의 능력 앞에서 아브라함은 티끌만도 못한 자기에게 아들 하나 점지해주시는 것은 하느님께는 일도 아니라고 믿었다. 하느님은 하시고자 하면 무엇이든 다 하실 수 있다. 하느님의 전능이 무언의 약속으로 아브라함에게 다가오고 있다. 그 약속을 믿기에 아브라함은 하느님께 아들을 달라고 조르는 기도도 하지 않는다.

우리는 길을 떠날 때 무엇을 느끼는가? 밤하늘의 별을 바라보며 무엇을 생각하는가? 바닷가 모래사장을 걸으면서, 서늘하게 스치는 바람에서, 파도소리에서 우리는 하느님께서 우리에게 하신 어떤 약속을 듣는가?

천국 문

"문을 두드려라, 너희에게 열릴 것이다."(마태 7,7) 두드리면 열릴 것이라는 것은 문이 지금 닫혀 있다는 뜻이다. 이 말씀 전에 예수님께서 말씀하신다. "청하여라, 너희에게 주실 것이다. 찾아라, 너희가 얻을 것이다." 문을 열고 들어가서 내가 찾는 것은 무엇인가? 내가 두드려야 할 문은 어디에 있으며, 두드려 열리게 될 문은 어떤 문인가?

그분께서는 하느님 나라가 이미 와 있다고 말씀하신다. 우리가 찾는 것은 지금 여기 우리 가운데 있다는 것이다. 하느님께서는 당신의 문을 열고 당신의 모든 것을 이미 우리에게 쏟아 넣어주셨다. 그런데 하느님이 우리 눈에 보이지 않는다. 감추어 있기 때문이기도 하지만 우리가 마음의 문을 닫아걸고 있기 때문이다.

하느님 나라를 찾는다고 하면서 하느님께 이르는 문을 저 하늘이나 외딴 곳에 정해 놓기도 하지만, 하느님을 내 마음 안에 가두고 문 두드릴 생각을 잊기도 한다. 닫힌 내 마음 안에는 나만의 하느님만 있을 뿐이다. 하느님 아닌 하느님, 상상 속의 하느님, 우상의 하느님만 있을 뿐이다.

내가 두드릴 문은 보아도 보지 못하고 들어도 듣지 못하는 닫힌 내 마음의 문이다(마태 13,15 공동번역). 마음의 문을 두드리자. 마음의 창이 열리게 하자. 이미 와 있는 하느님 나라를 향하여. 우리는 귀를 막고 듣고, 눈을 감고 보고, 문을 닫아걸고 하느님을 찾고 행복을 구할 때가 많다. 내가 두드릴 문은 내 이웃이다. 이 문을 통과하지 않고서는 그들 안에 와 계시는 하느님을 만날 수 없다. 이 문은 내 힘으로 억지로 열 수 없다. 이 문은 내 마음의 문을 열 때만 열린다. 이 문을 열지 않고서는 나를 만날 수 없고 이웃을 만날 수 없다. 이웃을 만나지 않고서는 하느님을 만날 수 없다.

문을 두드리자. 닫힌 마음의 문이 열리게 하자. 이미 내 안에 와 계시는 하느님이 보일 것이다. 하느님이 현존하시는 내 이웃이 나를 맞이할 것이다. 온 세상이 나를 맞이할 것이다.

창窓

나는 여행할 때 버스보다 기차를 선호한다. 그 까닭은 밖을 내다 볼 수 있는 커다란 창 때문이다. 버스에도 정면에 커다란 창이 있지만 막상 버스에 올라 맨 앞자리에 앉으면 눈높이에는 가리는 것이 많아 밖을 잘 내다 볼 수 없다.

스위스나 오스트리아 같은 전통 통나무집들이 즐비한 알프스의 마을은 지나가는 사람들의 마음을 즐겁게 해준다. 집집마다 창밖에 내놓은 꽃 화분에서 그 집에 사는 사람들의 대자연과 조화를 이루려는 아름다운 마음이 따뜻하게 전해진다. 지나가는 사람을 위해 자기가 사는 집 밖을 꾸미는 마음.

스위스의 성인 클라우스의 은둔처에는 두 개의 조그만 창이 나 있다. 하나는 은둔처에 붙여 지은 경당 안을 들여다보는 창이고 다른 하나는 세상을 내다보는 창이다. 하나는 안을, 다른 하나는 밖을 내다보는 창이다. 그는 경당 안을 들여다보면서 세상 밖을 직시하였고, 창밖을 내다보면서 세상 안을 관상하였다.

소돔과 고모라

하느님께서 아브라함에게 말씀하신다. "소돔과 고모라에 대한 원성이 너무나 크고, 그들의 죄악이 너무나 무겁구나. 이제 내가 내려가서, 저들 모두가 저지른 짓이 나에게 들려온 그 원성과 같은 것인지 아닌지를 알아보아야겠다."(창세 18,20-21) 하느님의 귀에까지 가 닿은 그 아우성은 우리가 보통 상상할 수 있는 그런 도덕적인 죄악의 소리만이 아니다. 그것은 법적으로 소외당한 이들이 도움을 청하는 호소이기도 하다. 그런데 도움을 청하는 소리가 그렇게 하느님의 귀에까지 들어갔는데도 저 도시를 멸해야겠다고 하신다면, 도와달라고 외치는 약자들까지 쓸어버리겠다는 말씀이 아닌가? 이는 도움을 청하는 그들 역시 그 도시의 죄악에서 자유롭지 못하다는 것을 암시하는 것이기도 하다. 그들도 자기만 도움받기를 바라는 자기중심적이고 이기적이고 탐욕에서 벗어나지 못하고 있다는 것을 시사한다. 소돔이 멸해야 한다면 이 도시가 이런 자기중심적인 인간의 마음과 행동 때문일 것이다.

소돔 사람의 죄의 본질에 대해서는 학자들마다 의견이 분분하다. 야훼계 전승에 의하면 소돔의 죄는 동성애(창세 19,4 이하)이다(동성애=소도미: 남색, 수간, 獸姦). 이사야에 따르면 사회 정의의 결핍(이사 1,9 이하)이다. 에제키엘에 의하면 가난한 사람들에 대한 무관심이다(에제 16,46-51). 소외된 자나 약자에 대한 연대성의 부족, 자기중심적인 삶, 그래서 하느님을 잊은 삶이 곧 죄악이다. 우리는 정치적으로 종교적으로 사회적으로 소돔의 상황에 살고 있다. 물질만능 시대에 더한 이기심과 욕심으로 남이야 어떻든 나만 잘살면 된다는 식의 자기중심적인 사고로 무장되어 있는 한, 우리는 소돔에서 살고 있다. 소돔에서는 하느님의 소리가 들려오지 않는다. 하느님의 소리는 저 멀리 있는 아브라함에게 들려온다.

아브라함은 소돔을 위하여 기도한다. 저 도시에 죄 없는 사람이 50명만 된다면, 45명만 된다면, 40명만 된다면 ……. 그래도 저 도시를 멸하시겠습니까? 저 도시의 구원을 위해 하느님께 다가서며 매달리는 아브라함의 마음이 애처롭기까지 하다. 아브라함은 그 도시에 자기의 조카가 살고 있기에 하느님께 매달리는 것이 아니다. 자기 동족 이스라엘이 아닌, 어쩌면 이스라엘이 망했으면 좋겠다고 저주를 퍼부었을 이방인들의 땅 소돔의 구원을 위해서 기도하고 있다. 더구나 그 일을 위해 자기 자신을 티끌만도 못한 위인이라고 고백한다. 우리는 이방인을 위해 기도할 수 있는가? 그들을 위해 자신을 티끌보다 못한 존재라고까지 낮출 수 있을까?

"죄 없는 사람을 어찌 죄인과 똑같이 보시고 함께 죽이시려고 하십니까? 온 세상을 다스리시는 이라면 공정하셔야 할 줄 압니다."하고 하느님께 대드는 아브라함의 말투는 듣기에 따라서는 악한 세상을 옹호하고 하느님을 원망하는 말처럼 들리기까지 한다. 그러나 아브라함은 소돔을 멸하려는 하느님 마음에서 어떻게 해서든 인간을 구원하려는 사랑을 읽었고, 이 때문에 하느님께서도 아브라함의 질문에 역정 내지 않으시고 고분고분 다 들으시면서 아브라함을 통해 당신의 구원하는 마음을 알리신다.

  이 이야기가 하느님께서 소돔에 내리실 벌을 아브라함의 마음 때문에 거두어들이신 것으로 끝을 맺었다면 얼마나 좋을까. 이 이야기의 마지막 구절이 여운을 남긴다. "주님께서는 아브라함과 말씀을 마치시고 자리를 뜨셨다. 아브라함도 자기가 사는 곳으로 돌아갔다."(창세 18,33) 그 돌아선 모습이 안타깝다 못해 처절하다.

교양 있는 사람

우리는 '교양 있는 사람'이라는 표현을 자주 쓴다. 교양의 기준은 무엇일까? 상식이나 지식이 많은 사람인가? 베토벤 교향곡을 들으면서 그 곡을 느끼지는 못해도 곡명을 알아맞히고, 작품들은 읽지 않았어도 『좁은문』은 앙드레 지드가 썼고, 『부활』은 톨스토이가 썼으며, 『신곡』은 단테가 썼다는 것을 알고, 별다른 감흥을 느끼지 못하더라도 〈절규〉라는 그림을 보고 뭉크가 그린 것을 알아맞히고 그가 노르웨이 사람이라는 것을 아는 것이 교양일까?

교양 있는 사람이라면 백과사전 같은 잡다한 지식을 갖추고 유식하게 설명할 줄 아는 사람이 아니라 배우고 익힌 상식이 자기 몸속에서 곰삭아 자연스럽게 그리고 단순하게 세상으로 표출되는 사람 아닐까? 하느님이 사랑이시라는 성경 구절을 줄줄이 꿰고 있는 사람이 아니라 하느님이 사랑이심을 다른 사람이 느낄 수 있도록 자기의 몸으로 보여주는 사람이 아닐까? 어떤 지식도 교양 있는 말씨도 이런 느낌, 이런 사랑을 전해주지 못한다면 공허한 소리에 불과하다. 교양은 지식과 상식과 이론의 축적으로 이루어지는 것이 아니라 인간을 내면으로부터 변화시키고 성숙시키는 힘이다. 교양이 있는 사람은 세상이 아는 지식을 자기의 몸과 마음으로 받아들이고 소화시키기에 알면 알수록 창조하는 인간으로 변화되어 간다. 스스로 변화되어가면서 남으로 하여금 변화된 삶을 살도록 한다.

　독서가 인간을 교양 있는 사람으로 만들어 준다면, 다양한 책을 통하여 다양한 정신세계를 접하고 다양하게 자기를 새롭게 창조해 나갈 수 있기 때문일 것이다. 작가의 눈으로 세상의 마음을 읽는 사람, 그래서 세상을 새롭게 보는 눈을 가지려는 사람, 이런 사람이 교양 있는 사람이다. 알면 알수록 세상을 바라보는 그의 눈은 심원해진다. 교양 있는 사람은 자기 창조를 끊임없이 해나가는 사람이다. 이에 반해 교양이 없는 사람은 자기를 변화시키지 못하는 사람이다. 창조하지 못하는 사람이다.

겸손한 사람

입신출세만을 최상의 목표로 삼는 세상에서 겸손은 나약한 인간의 구차한 모습처럼 비친다. 겸손이 매력 없는 단어로 바뀌어가고 있다는 것은 그만큼 인간이 껍데기만 보고 있다는 말이다.

겸손은 인간의 속을 들여다보게 한다. 속으로부터 인간을 대하게 한다. 겸손은 하느님으로부터 인정받는 사회적 지위를 위하여 갖추어야 할, 인간의 가장 내면적 근본 속성이다. 겸손은 하느님을 두려워하는 마음이다. 그러기에 겸손하지 못하고 잘난 체 하는 사람은 창피를 당한다.(잠언 11,2)

집회서의 저자는 주님의 능력과 영광은 인간의 높고 귀함으로 나타나는 것이 아니라 "비천한 사람들"을 통해 빛난다고 말한다.(집회 3,20 공동번역) 겸손은 하느님의 위대하심을 아는 것이며 동시에 자신의 비천함을 느끼는 것이다. 예수님의 기도에서 이를 진하게 느낄 수 있다. "아버지, 하늘과 땅의 주님, 지혜롭다는 자들과 슬기롭다는 자들에게는 이것을 감추시고 철부지들에게는 드러내 보이시니, 아버지께 감사드립니다."(마태 11,25)

집회서 저자는 겸손을 강조하면서 "네가 감당하지 못할 것을 구하지 말고 네 힘에 겨운 것을 좇지 말아라."(집회 3,21 공동번역)고 충고한다. 인간의 힘과 이성을 강조하는 문화에 마음을 빼앗기지 말라는 경고다. 하느님께서 명령하신 일에만 전념하고 하느님이 알려주시지 않은 것을 캐내려고 애쓰지 말라는 말이다. 그런 것은 헛수고일 뿐이다.

이리하여 집회서 저자는 거만하고 고집 센 자를 탓하며(집회 3,26-29) 가난한 사람에게 자선을 베풀 것을 권고한다.(집회 3,30-31) 가난한 사람이란 가진 것이 없고 힘도, 배경도 없는 사람이며, 소위 안다는 사람들과 같은 거만함이나 오기를 찾아볼 수 없는 사람이다. 그런 사람에게 자선을 베푼다는 것은 그들과 한 마음이 될 때라야 가능하다. 자신만 잘 되려고 자기의 힘에 의존하는 사람은 비천한 사람들과 한 마음이 되지 못한다. 자선을 베풀지 못한다. 겸손은 다른 사람의 생명을 존중하고 약한 사람들과도 더불어 사는 공간을 마련해 주는 행위이다.

겸손은 외적으로 자신을 드러나는 인간의 행위를 넘어 내적으로 자기 자신과의 관계를 건드리게 하는 바탕이다. 자기 자신에 대해 겸손한 자가 진실로 겸손한 사람이다. 겸손은 자기의 강점과 약점, 능력과 한계를 있는 그대로 받아들이면서 자신을 있는 그대로 만나게 한다. 진정 자기 자신을 만날 때 진정 자기를 자연스럽게 나타내 보일 수 있다. 그는 감당하지 못할 것을 구하지 않고, 힘에 겨운 것을 좇지 않으며, 과신하여 미혹에 빠지지 않고, 망상으로 정도를 벗어나지 않는다.(집회 3,21-25)

감사하는 사람

그리스도인은 매사에 감사를 드리며 살아가는 존재이다. 고통의 바다라 일컫는 인생길에서 기쁠 때만이 아니라 슬플 때에도 감사하며 산다는 것은 쉬운 일이 아니다. 더러는 만나는 사람이 짜증스럽고 미워 보이기도 한 세상에서 "나에게 고통을 주셔서, 나에게 병을 주셔서, 나에게 불행을 주셔서, 나에게 마음 아프게 하는 친구를 선사해 주셔서 감사합니다." 하고 기도한다는 것은 거의 불가능하다.

그렇지만 감사의 마음이 사라질 때 삶은 방향을 잃고 마음의 평화는 사라지고 불만이 쌓이게 된다는 것은 인류의 축적된 경험이다. 바오로 사도는 감옥에 갇힌 몸으로 신도들에게 편지를 보내 진정 평화를 원한다면 아무 걱정하지 말고 매사에 감사하도록 시도해보라고 당부한다. 감히 감사해 보라고 그러면 감히 느끼지 못했던 하느님의 평화를 누릴 수 있을 것이라고 "아무 것도 걱정하지 마십시오. 어떠한 경우에든 감사하는 마음으로 기도하고 간구하며 여러분의 소원을 하느님께 아뢰십시오. 그러면 사람의 모든 이해를 뛰어넘는 하느님의 평화가 여러분의 마음과 생각을 그리스도 예수님 안에서 지켜 줄 것입니다."(필리 4,6-7).

감사의 마음이 결코 발해질 수 없는 고통스런 감옥에서 감사의 삶을 살 것을 당부하는 바오로에게서 고통을 견디고 마음의 평화를 누리는 참된 그리스도인의 모습을 보게 된다. 그리스도인은 늘 기뻐하고 감사하며 살아가는 존재이다. 그는 자기에게 주어진 고통과 십자가, 좋은 친구만이 아니라 귀찮은 친구를 주신 하느님께 감사의 기도를 올리는 존재이다.

즐김

나는 산을 좋아한다. 하지만 열심히 산을 오르내리기만 하였을 뿐 산을 사귀지는 못하였다. 산을 즐기지 못한 것이다. 건강을 생각하고 인내심을 키우기 위해서 산을 찾았다는 것이 어쩌면 더 솔직한 고백일지 모른다.

산에 대한 이런 태도는 평상시 내 삶의 태도이기도 하였다. 수많은 사람을 만났지만 내면적으로 즐기지 못하였고 하느님도 예수님도 신학도 내면으로 즐기지 못하였다. 즐거울 때 괴로울 때 내 기억 속에 그들을 불러내어 잠시 위로를 얻긴 했지만 그들을 알지 못하였다. 즐김이 없는데 사랑했다고 할 수 있을까? 사랑이 없는 인생을 진솔하다고 할 수 있을까?

내적인 즐김을 위해서는 나의 시간을 현재에 내 놓아야 한다. 다음 일도 계획하지 말아야 한다. 다음 일을 계획하는 것은 현재를 즐기는 것을 방해하기 때문이다. 즐기기 위하여 현재와의 만남에 푹 빠질 수가 있어야 한다. 그런데 나는 늘 '다음'을 걱정했고, 현재에 조급했다. 현재의 '바깥'에서 살았다. 현재를 놓치면서 산 것이다. 살아도 산 것이 아니었다.

"주, 우리 하느님, 우리를 어여삐 여기시어 우리 손이 하는 일 잘되게 하소서. 우리 손이 하는 일 잘되게 하소서."(시편 90,17)

용서하는 사람

"서로 너그럽고 자비롭게 대하고, 하느님께서 그리스도 안에서 여러분을 용서하신 것처럼 여러분도 서로 용서하십시오."(에페 4,32) 하고 싶지만 잘 안 되고, 해야 한다는 것을 알지만 쉽게 일어나지 않는 것이 용서이다. 용서가 하고 싶다고 되는 것이라면 얼마나 좋을까? 용서는 자기가 늘 용서를 받고 있다는 사실을 깨닫는 자만이 용서할 수 있다. 인간은 용서받지 못할 일을 수없이 저질러 왔음에도 지금 버젓이 살아 있다. 자기도 모르는 사이 끊임없이 용서를 받고 있다는 증거이다. 잘잘못을 따지지 않고 늘 눈감아주고 용서해주시는 하느님의 자비 때문에 우리는 지금 살아 있는 것이다.

마태오 복음에서 예수님께서 들려주시는 무자비한 종은 자기가 일만 달란트나 되는 빚을 탕감받은 존재라는 사실은 잊고, 자기에게 겨우 백 데나리온 빚을 진 동료에게 달려들어 멱살을 잡으며 빚을 갚으라고 닦달한다. 종은 방금 자기가 용서받고 풀려난 존재임을 잊고 있다. 왕은 그 종을 다시 붙잡아 들여 감옥에 가두고 이렇게 말한다. "너희가 진심으로 형제들을 서로 용서하지 않으면 하늘에 계신 내 아버지께서도 너희에게 이와 같이 하실 것이다." 이것은 협박이 아니다. 사람은 누구나 이미 용서를 받았고, 누구나 이미 은총 속에 사는 존재임을 상기시키는 말이다. 그 용서를, 그 은총을 느끼는 자만이 진정 용서할 수 있다. 하느님처럼.

용서는 내게 접근하여 오는 이웃과 시대와 주변 환경을 선물로 볼 때 가능해진다. 땅과 돈, 자연과 인간이 하느님의 선물로 받아들여지지 않는 데서는 진정한 너와 나의 만남이 이루어질 수 없다. 이런 곳에서는 용서가 불가능하다.

우리는 용서할 수 있는 존재다. 화해할 수 있는 존재다. 지금 살아 숨 쉬고 있기에.

버림받은 몸

살다보면 까닭 없이 사람들에게 버림받는다는 생각이 들 때가 있다. 하지만 말구유에서 태어나 십자가에서 일생을 마친 예수님보다 버림받은 몸이 또 있을까? 이 버림받은 몸에 대해 성경은 말한다. 그분은 "사람들에게는 버림을 받았지만 하느님께는 선택된 값진 돌이십니다."(1베드 2,4) 그분은 집 짓는 자들의 눈에는 쓸모없는 돌로 버림을 받았지만, 그래서 "걸려 넘어지게 하는 돌이요 장애가 되는 바위"가 되었지만, 실제로는 하느님의 집을 짓는데 없어서는 안 될 모퉁이의 머릿돌이 되었다. 당신이 그리스도를 따르는 자라면 사람들로부터 버림받은 것을 부끄럽게 생각하지 마라. 오히려 감사하고 찬양하는 법을 배워라. 언제 어디서나. "여러분을 어둠에서 불러내어 당신의 놀라운 빛 속으로 이끌어주신 분의 위업을 선포하게 되었습니다."(1베드 2,9)

낙관

지금 우리 사회에서 치유되어야 할 병이 있다면 그것은 무엇보다 서로에 대한 불신이다. 세상을 염려하는 목소리가 커지고 신뢰를 부르짖는 목소리가 높은 만큼 불신의 골도 깊고 서로에 대한 믿음도 무너진다. 세상의 불신을 치유할 수 있는 길은 하느님의 낙관적인 시선을 얻는 것이다. 시편의 저자가 엉망이 되어버린 듯한 창조를 두고도 아름답다고 찬양한다면 하느님의 낙관적인 눈을 가졌기 때문이다.

세상이 어지러울수록 세상을 찬양하는 법을 배워라. 세상이 미울수록 세상에 하느님의 은총을 빌어야 한다. 세상을 사랑하라. 세상이 아무리 죄로 물들어 있을지라도 사랑하라. 세상은 수레바퀴의 살처럼 하느님과 상호침투하며 연결되어 있다. 스위스의 주보 성인 클라우스(1417~1487년)는 그래서 노래한다. "인간아, 세상이 너를 미워하고 네게 부당하게 굴 때면, 너의 하느님께서 놀림을 받고 빗댐 받았음을 생각하라. 너는 네 이웃과 그의 잘못을 고발할 것이 아니라, 하느님께서 너와 네 이웃에 은총을 내려 달라고 빌어라."

세상의 부조리를 체험할수록 그는 더욱 큰 소리로 하느님을 찬양하였다.

"아, 하느님,
당신은 어쩌면 그렇게 높고 아름다우십니까?
그런데도 당신은 이 불쌍한 죄인들에게
저토록 겸손되이 당신의 몸을 굽히셨습니다.
아, 하느님,
당신의 선하심은 어쩌면 그렇게 크오십니까?
그런데도 당신은 인간의 마음에 사시는 것을 기꺼하십니다.
당신을 갈망하는 영혼들이 이를 기뻐하고,
수많은 죄인들이 이를 통해 회개했습니다.
아, 하느님,
당신은 고귀하온 손님,
당신은 밤낮으로 인간들 안에 활동하십니다.
아, 하느님,
당신은 어쩌면 그렇게 사랑스럽고 황홀하십니까?
가장 사랑스런 영혼이 이제 당신의 신성(神性)으로 옷을 입고 있습니다."

(『하느님의 얼굴』에서)

소설 속 인물

　실없고 싱거운 말만 오가는 식탁에 앉아 밥을 먹는 것처럼 힘든 일도 없다. 스트레스를 푼다며 노래방에 가서 억지로 노래하는 것만큼 내게 고역인 일도 없다. 흥을 내라고 하지만 그곳에 가면 나는 안으로 오그라들며 오히려 스트레스를 잔뜩 받는다. 그럴 때면 나는 이들과 함께 밥 먹고 노래하는 소설 속의 한 인물로 나를 등장시켜 나의 놀이를 감상한다. 세상은 나에게 하나의 커다란 소설이 되고 나와 내가 만나는 모든 사람은 소설 속의 인물이 된다. 소설에 나오는 인물이 모두 다 나와 같다면 그 소설은 무슨 재미일까? 소설에는 나와 다른 저런 사람들도 등장해야 한다. 그렇게 위안하며 세상을 소설로 읽다 보면 나는 식탁에서 요란하게 밥을 먹는 사람들과 노래방에서 춤추며 노래하는 사람들의 몸짓에서 내가 추구하는 인생의 진리를 읽는다.
　작가는 잘난 주인공만이 아니라 너스레 떠는 실없는 자들을 통해서도 인생의 진리를 전한다. 독자들은 무식하게 툭 내뱉는 주변인물의 한마디에서도 그 어느 점잖은 지식인도, 아니, 작가 자신도 내놓을 수 없는 인생의 진리를 터득하기도 한다. 저들을 지나쳐서는 내가 사는 이 세상을 만날 수 없고 그 안에 현존하시며 활동하시는 하느님을 느낄 수 없다. 하느님은 세상을 창조하시면서 당신을 찬양하는 존재만이 아니라 당신을 원망하고 부정하는 인간들까지를 창조하셨다. 하느님은 그렇게 그들을 통해서도 당신을 느끼게 하신다. 세상 온갖 것들이 다 하느님을 전해주고 있다. 유식한 말로 다 전달할 수 없는 하느님의 뜻을 무식한 자들의 무식을 통해서도 느끼게 해 주신다. 유식한 자들의 삶의 목적은 무식한 자들의 말과 삶까지 아우르는 것이다. 무식한 자들이 유식해지고 싶어 하는 목적은 무식의 탈출로 무식한 자들과 차별되는데 있지 않고 모든 것 안에서 하느님의 말씀을 듣기 위해서이다.

달

달은 스스로 세상을 비추지 않고 태양으로부터 빛을 받아 반사한다. 달은 쉴 새 없이 변한다. 차는가 하면 기울고 기우는가 하면 찬다. 인생은 달과 같다. 달과 같이 살아라. 차고 기우는 것에 민감하게 감정을 표현하지 마라. 찼다고 기뻐하지 말고 기울었다고 슬퍼하지 마라. 성공했다 환호하지 말고 실패했다고 슬퍼하지 마라. 인생은 한 번의 성공과 한 번의 실패로 이루어지는 것이 아니다.(장자) 인생은 달처럼 변하여 찼다가 텅 비고 텅 비었다가 차기 마련이다. 달과 같은 인생, 달에서 배워라.

초세기의 교부들은 교회를 달에 비유하였다. 지금의 교회 모습을 보며 그것이 전부인 양 성급하게 환호하지 않고 좌절하지 않았다. 무력한 것 같지만 끊임없이 희망을 주는 것이 교회이다. 교회가 비록 그믐달로 보일지라도 비판을 가하기에 앞서 달과 같은 마음을 먼저 배운다면 교회를 사랑하고 인류를 사랑할 수 있을 것이다.

얼굴

눈과 코와 입과 귀로 이루어진 얼굴은 여느 사물과는 달리 보고 듣고 말하며 스스로를 표현한다. 얼굴의 표정은 나의 의지와는 상관없이 타인이 누구냐에 따라 달라지기도 한다. 내 표정에는 나 자신만이 아니라 타인도 드러난다.

하느님은 인간에게 얼굴과 얼굴을 맞대며 다가오신다. 처량하게 말구유에 누운 아기 예수님의 천진한 얼굴에, 처참하게 십자가에 달리신 고통스런 예수님의 얼굴에 구원하시는 하느님의 얼굴이 숨어 있다. 구원을 바라는 인류의 얼굴이 비치고 있다.

예수님의 얼굴을 대면하는 날, 나는 그리스도인의 얼굴을 하고 세상에 다시 태어날 수 있을 것이다. 나의 얼굴에도 하느님의 얼굴이 비칠까? 내 이웃이 비칠까?

인간됨

아무 할 일이 없을 때 나는 나 자신 안으로 침잠해 들어가는 여행을 하며 나를 발견한다. 여행을 하기 위해 버스의 창가에 앉으면 창밖을 내다보거나 기껏 책 몇 줄 읽거나 아니면 잠자는 것 말고는 더 이상 할 일이 없다. 그때 나는 내 안으로 여행하는 나를 발견하게 된다. 시간과 공간을 마음대로 넘나들며 여행하는 나를 보며 나는 비로소 내가 누군지 생각하게 되고 인간임을 알게 된다. 인간이 되어 나와 함께 있어 온 사람들을 생각하게 된다. 내 주변의 평화를 위해 기도하게 된다. 아무 할 일이 없을 때 나는 사심이 없는 한 인간이 된다.

그리스도인

"나를 본 사람은 곧 아버지를 뵌 것이다."(요한 14,9) 라고 말씀하시는 예수님께서 너희가 너희 이웃에게 해 준 것이 곧 나에게 해 준 것(마태 25,40)이라고 말씀하신다. 하느님은 인간 예수님의 모습으로 우리에게 나타나고, 예수님은 우리가 주변에서 만나는 배고픈 사람, 목마른 사람, 헐벗은 사람, 병든 사람, 어린이(마태 18,5)와 제자의 모습으로, 그리고 나와 종교와 문화와 생각이 다른 사람의 모습으로 우리에게 다가오신다. 이 사람들을 외면하고서는 그분을 만날 수 없다. 이 사람들을 보는 것이 예수님을 보는 것이요, 예수님을 보는 것이 아버지를 뵈는 것이다. 그분이 하느님이신 것은 그분이 우리와 같은 사람이기 때문이다. 그렇게 우리도, 우리가 만나는 사람도 사람이기에 우리에게 하느님이다. 예수님은 도덕적으로 하느님의 아들이 아니라 본질적으로 하느님의 아들이고 나와 내가 만나는 사람들도 본질적으로 하느님의 아들이고 딸들이다.

마이스터 에크하르트의 말을 빌리면 우리 모두는 하느님의 씨앗을 우리 존재 안에 가지고 있다. 하느님의 씨앗은 하느님으로 자란다. 우리는 하느님으로 자라야 하는 하느님의 씨앗이다. 예수님께서 당신을 본 것이 곧 아버지를 뵌 것이라고 했을 때 사람들은 신성모독이라며 야단을 떨었다. 그들에게는 우리가 하느님이라는 말 또한 신성을 모독하는 이단의 말처럼 들릴 것이다.

짝

하느님께서는 인간을 존귀하게 만드셨다. 존귀하게 만드셨기에 아무렇게나 다루지 않으시고 인간을 위하여 당신 아들을 죽음으로 내몰 정도였다. 그런 하느님이시니 아담이 홀로 있는 것을 보시고 짝을 만들어 주시기로 한 것은 당연한 일이다. 하느님은 아담의 짝으로 하와를 만드신 후 친히 그에게 데리고 가서 선보이셨다. 이 친절한 행위에서 인간을 존중하시는 하느님의 마음이 그대로 드러난다. 아담은 하느님이 데리고 오신 하와를 보고 "이야말로 내 뼈에서 나온 뼈요 내 살에서 나온 살이로구나!"(창세 2,23) 하면서 기뻐 소리쳤다. 하느님께서 하와를 친히 아담에게로 데리고 가셨다는 것은 하와가 아담이 고른 하나의 제품이나 물건이 아님을 시사한다. "이야말로 내 뼈에서 나온 뼈요 내 살에서 나온 살"이라고 외치는 아담의 환성도 하와를 하나의 소유물(내 것)로 보았기 때문이 아니다. 하와는 아담에게 자신의 존재를 발견하게 해준 하느님의 선물이다. 아내는 남편인 내가 고른 물건이 아니다. 그렇게 남편도 아내인 내가 고른 물건이 아니다. 내가 고른 물건은 입맛에 맞으면 삼키고 맛이 없으면 뱉을 수도 있다. 말하자면 내버릴 수도 있다. 아내와 남편은 그런 물건이 아니다.

오늘날 결혼의 문제는 짝을 자기의 존재를 발견하게 해주는 협력자로 보지 못하고 자기가 고른 상품으로 보는데 있다. "너는 내 것이다"라는 말이 이를 대변한다. 우리는 짝을 자기 인생의 협력자가 아니라 자기의 소유물로 보는 데서 오는 파열음을 잘 안다. 인간은 기분에 따라 취할 수도 버릴 수도 있는 존재가 아니다. 하느님에게서 인간을 존귀하게 보는 방법을 배워야 한다. 아내를 하느님이 나에게 데려오신 선물로, 남편을 하느님이 나에게 데려오신 선물로, 자식을 하느님이 나에게 데려오신 선물로, 부모를 하느님이 나에게 데려오신 선물로, 그렇게 이웃과 친지를 하느님의 선물로 보는 법을 배워야 한다. 우리는 명절이면 조상에게 감사의 제사를 드린다. 조상을 하느님께서 우리에게 주신 선물로 보기 때문이다. 조상께 드린 그 고마움을 우리 아내, 우리 남편, 우리 부모, 우리 자식, 우리 이웃 친지들에게 표현하는 날이 오기를 기대해본다. 그때 우리는 적어도 인간을 버리는 일은 피할 수 있을 것이다.

인간만이 아니다. 하느님은 모든 동물을 인간에게 데리고 오셨다. 모든 생명체는 하느님께서 인간에게 직접 데리고 오신 존재들이다.

우물

우물은 만남의 장소이다. 하가르가 여주인 사라의 구박을 이기지 못해 광야로 도망쳤다가 주님의 천사를 만난 곳이 우물이고, 천사가 주인 사라에게 복종할 것을 권하며 후손을 번성하게 하겠다고 약속한 곳도 우물이다. 우물가에서 하가르는 자기가 낳을 아기의 이름이 이스마엘이라는 것을 들었다. 이스마엘은 "고통 속에서 부르짖는 소리를 주님께서 들으셨다"는 뜻이다.(창세 16,1-15) 하가르는 사라가 아기를 낳자 또 쫓겨난다. 쫓겨난 하가르는 광야에서 헤매게 되고 물이 떨어지자 아이가 죽는 꼴을 볼 수 없어 덤불 속으로 내던져 버리고는 목 놓아 울었다. 그러자 하느님께서 아이의 울음소리를 들으시고 하가르의 눈을 열어 우물을 보게 하셨다. 하느님은 그렇게 아이를 살리시고 아이와 함께 계시며 아이를 큰 민족이 되게 하셨다.(창세 21,8-21)

아브라함이 이스마엘의 배다른 동생 이사악의 아내감 레베카를 만난 곳도 우물가이고(창세 24,13 이하), 이사악의 아들 야곱이 조상의 땅으로 가다가 자기의 아내 양치는 여자 라헬을 만난 곳도 우물가다(창세 29,1 이하). 우물은 "사막을 떠돌아다니는 사람들에게 꼭 필요한 수원이며 …… 사막에 사는 남녀의 삶을 바꾸는 수많은 만남"(메로즈)이 일어나는 곳이다. 우물은 여러 민족이 만나는 곳이다. 야곱의 우물은 하느님께서 야곱에게 모든 민족들에게 물을 먹이는 사명을 주셨다는 것을 암시한다. 후에 야곱의 자손인 예수님은 "사막과 같이 메마르고 황폐한 모든 사람에게 물을 주고 그들을 풍요롭게"(메로즈)하신다.

야곱과 라헬의 만남(창세 29,1-8)을 5~6 세기 경 팔레스티나 랍비가 풀이한 것을 메로즈가 변형하여 이야기한 것을 인용한다. "이 우물은 예루살렘, 떼를 지은 양 세 무리는 유다교도, 그리스도교도, 이슬람교도이다. 우리는 이 우물에서 사랑, 연민 그리고 상대방과 어느 누구라도 존중하는 마음을 길어야 한다. 큰 돌은 하느님의 영이시다. 모든 종교가 여기에 모인다. 단 한 종교라도 부족하면 인류는 해방하는 사랑의 계시를 받을 수 없기 때문이다. 하느님의 목소리를 듣기 위해 모두 다 함께 이 돌을 치운다."

"양치기 아가씨 라헬과 고향을 떠난 야곱이 서로 만나는 이 우물은 우리가 살아남기 위해 힘을 모아야 하며, 또 돌을 굴려서 정의와 평화에 목마른 땅에 물을 주기 위해서는 우리가 다 함께 있어야 한다고 가르친다."

예수님께서 한 사마리아 여인을 만난 곳도 우물가(야곱의 우물)다.(요한 4장) 우물은 목마른 인간이 하느님께서 주시는 영원히 목마르지 않는 물, 영원한 생명을 깃는 곳으로 하느님을 만나는 장소이다. 우물은 사람을 만나게 한다. 우물은 사람을 살린다. 사람을 변화시킨다.

(* 참조. 메로즈, 『하느님의 길을 발견한 여인들』, 생활성서사)

호칭

어느 본당 회장의 부인이 본당의 나이 어린 자매들이 자기를 '사모님'이라고 부르지 않고 '자매님'이라고 부르는 것에 대해 모욕감을 느낀다며 발끈하는 것을 본 적이 있다. "남들은 나이가 50만 넘어도 사모님이라고 곧잘 불리던데……." 이 여인의 경우는 특별한 예이지만 호칭 때문에 어려움을 겪는 경우가 많다.

'씨'니 '님'이니 하는 호칭은 물론 '형제님', '자매님'이라는 호칭은 동년배 아래는 몰라도 연세 높으신 분께는 실례가 되고 예의가 없는 것이라고 한다. 하지만 '선생님', '어르신' 같은 호칭은 예의를 갖춘 것처럼 보일지 모르나 친근감이 없게 들린다. 그렇게 이런 저런 호칭을 제하고 나면 윗사람이나 동료를 친근하게 부를 마땅한 호칭을 찾기가 쉽지 않다. 그래서 우리는 처음 만나면 늘 어색하다. 경상도에서는 '당신'이라는 존칭도 때에 따라서는 모욕의 언사가 된다. 싸울 때 상대로부터 들으면 더욱 분노하여 대들기도 한다. 대통령에서부터 시작하여 모든 시민이 미스터나 미시즈로 불리는 미국이 때론 부럽다.

말이 이러다 보니 '우리'와 '저희' 때문에 혼선을 일으키기는 경우도 많다. 새 번역 성경에서 그런 예를 심심찮게 만난다.

어떤 사람이 예수님의 이름으로 마귀를 쫓아내는 것을 보고 요한이 예수님께 말하였다. "그가 저희를 따르는 사람이 아니므로,

저희는 그가 그런 일을 못 하게 막아 보려고 하였습니다."(마르 9,38) 당연히 "그가 우리를 따르는 사람이 아니므로 저희는 그가 ……" 라고 번역해야 한다. 그는 예수님의 제자가 아니라 예수님을 포함한 그분의 일행을 따르지 아니한 사람이기 때문이다. "하늘에 계신 저희 아버지"도 "하늘에 계신 우리 아버지"가 되어야 한다.

멈추다

어떤 소경이 길가에 앉아 구걸하고 있다가 예수님이 지나간다는 소리를 듣고 "예수님, 다윗의 자손이시여, 저에게 자비를 베풀어 주십시오." 하고 부르짖었다. 예수님을 동행하던 사람들이 그가 소리를 지르지 못하도록 나무랐지만, 그럴수록 그는 더욱 큰 소리로 자비를 베풀어 달라고 외쳤다. 예수님께서 걸음을 멈추고 그의 믿음을 보시고 다시 보게 하여 주셨다.(루카 18,35-43)

예수님과 동행하던 사람들은 길 가기에 바쁘다. 오로지 길가는 데에만 신경을 쏟다보니 주변을 둘러볼 겨를이 없다. 아픈 사람, 구걸하는 사람이 보일 리 없다. 그냥 앞으로 나아가기 위해 길을 간다. 가던 길을 멈추어 서는 사람만이 손을 내미는 자에게 자비를 베풀 수 있다. 자비의 눈으로 주위를 살펴볼 수 있다.

우리는 바쁘게 길을 가는 버릇 속에 산다. 멈추어 서면 금방 추월당하여 뒤로 처지고 말 것 같은 강박감 때문에 걸음을 멈추지 못한다. 주행선은 놔두고 추월선만을 고집한다. 차선을 바꾸기 위해 깜빡이등을 켜는 것도 조심스럽다. 거리를 두고 뒤에 달려오던 자동차가 추월 당하지 않기 위하여 갑작스레 속도를 내기 때문이다. 그렇게 우리의 도로는 서로에게 무자비하다.

멈출 줄 아는 자만이 주변에 자비로울 수 있다. 멈추어 서는 자만이 사람의 마음을 읽을 수 있다. 그 사람만이 모든 사람을 하느님처럼 대할 수 있다. 걸음을 멈추고 주위를 둘러보는 사람의 눈은 자비롭다. 멈추어라. 세상이 아름다울 것이다. 멈추어 보라. 세상이 신비스러울 것이다.

아버지의 뜻

우리는 하루에도 수십 번 하느님, 하나님, 부처님의 이름을 부르면서 행복을 빌고 모든 어려움에서 벗어나게 해 달라고 간청한다. 그런데 예수님은 "나에게 '주님, 주님!' 한다고 모두 하늘나라에 들어가는 것이 아니다."(마태 7,21) 라고 말씀하신다. '주님' 하고 부른다고 다 소원을 들어주시는 것이 아니라는 말씀이다. 주님이 '우리의' 소원을 들어주시는 분이 아니라니 적잖은 실망을 안겨준다.

예수님의 진의는 이어지는 말씀에서 곧 드러난다. "하늘에 계신 내 아버지의 뜻을 실행하는 이라야 들어간다."(마태 7,21) 그분은 십자가에 돌아가시면서도 아버지께 기도하셨다. "제 뜻이 아니라 아버지의 뜻이 이루어지게 하십시오." 우리가 주님을 부르는 이유는 대개 자기의 뜻이 이루어지게 해달라고 호소하기 위해서이다. 아플 때 주님을 부르며 아프지 않게 해 달라고, 불행할 때 주님을 부르며 불행에서 벗어나게 해 달라고 호소한다. 그렇게 우리는 부자가 되게 해 달라, 성공하게 해 달라, 하는 일마다 잘 되게 해 달라고 기도하며 주님께 매달린다. 오로지 자기의 뜻이 이루어지기를 바라며 주님의 이름을 부르다 보면 자기의 뜻이 이루어지지 않을 때 주님은 언제든 차버릴 수 있는 존재가 된다. 그렇게 우리는 주님을 오로지 우리의 소원을 들어주시는 도구로 이용한다. 말구유의 가난과 십자가의 고통에 감추어진 인생의 의미를 놓치고 만다.

주님의 이름으로 예언을 하고, 주님의 이름으로 마귀를 쫓아내고, 주님의 이름으로 많은 기적을 일으키는 것(마태 7,22)이 우리 인생의 목표일 수 없다. 그런 인생은 비가 내려 강물이 밀려오고 바람이 불어 휘몰아치면 또 다시 무너지고 만다.(마태 7,27) 병이 나은 사람도 다시 아프기 마련이고 죽을병에서 치유된 사람도 언젠가는 죽기 마련이다.

낫고 안 낫고 하는 '내 뜻'에 내 인생의 전부를 걸지 마라. 치유를 인생의 목표로 삼은 그 병을 치유하도록 하라. 십자가를 내려달라고 기도하기보다 십자가를 통해 우리 인생에 메시지를 전하고자 하시는 아버지의 뜻을 묻도록 하라.

마침 - 나의 기도

처음 내가 어머니의 모태로부터 세상에 나왔을 때 사람들은 내 출생을 보고 기뻐하였다. 나는 그들에게 기쁨이었다. 나는 주변을 설레게 하고 기쁨과 행복을 선사하면서 태어났다. 나는 본래 온 우주에 기쁨과 행복을 선사하는 존재로 창조되었다. 하지만 정작 나는 기쁨이 무엇인지 몰랐다. 즐거움이 무엇이고 행복이 무엇이고 고마움이 무엇인지 몰랐다. 그런데도 나는 나의 출생으로 남을 기쁘게 해주었고 나의 존재로 주변을 행복하게 해주었다. 그때처럼 그렇게 오늘도 나는 내 존재로 남에게 기쁨과 행복을 선사하며 살고 싶다.

주님, 제가 태어나던 때의 저를 늘 남에게 느끼게 하는 존재가 되게 하여 주십시오. 저로 하여금 남이 저에게서 사랑을 느끼고 평화를 느낄 수 있게 하여 주십시오. 사랑한다고 말하지 않아도 남이 저에게서 사랑을 느끼고, 감사하다고 말하지 않아도 남이 저에게서 고마움을 느낄 수 있는 존재가 되게 하여 주십시오. 남이 저에게 사랑한다고, 감사하다고 말하지 않아도 제가 그들에게서 사랑을 느끼고, 고마움을 느끼는 존재가 되게 하여 주십시오.